A Incorporação Vocal do Texto
técnicas psicofísicas para transformar
texto em ação

7 COLEÇÃO MACUNAÍMA NO PALCO: UMA ESCOLA DE TEATRO

Edição de texto:	LARISSA FÉRIA
Revisão de provas:	ROBERTA CARBONE
Capa e projeto gráfico:	SERGIO KON
Produção:	RICARDO NEVES, LUIZ HENRIQUE SOARES, ELEN DURANDO, LIA N. MARQUES E SERGIO KON

Marcela Grandolpho

A Incorporação Vocal do Texto

técnicas psicofísicas para transformar texto em ação

Este livro é dedicado a
Lucia Helena da Cunha Gayotto,
que me guiou para que eu encontrasse
a minha própria voz.

cip-Brasil. Catalogação-na-Fonte
Sindicato Nacional dos Editores de Livros, rj

G779i

    Grandolpho, Marcela
    A incorporação vocal do texto : técnicas psicofísicas para transformar texto em ação / Marcela Grandolpho. - 1. ed. - São Paulo : Perspectiva, 2016.
    112 p. ; 21 cm. (Macunaíma no palco ; 7)

    Inclui bibliografia
    ISBN 978-85-273-1075-8

1. Teatro - Técnica. 2. Representação teatral. 3. Atores. I. Título. II. Série.

16-36524   CDD: 792.02
                                  CDU: 792.02

26/09/2016 29/09/2016

DIREITOS RESERVADOS À

EDITORA PERSPECTIVA S.A.

AV. BRIGADEIRO LUÍS ANTÔNIO, 3025
01401-000 SÃO PAULO SP BRASIL
TELEFAX: (011) 3885-8388
WWW.EDITORAPERSPECTIVA.COM.BR

2016

Sumário

Agradecimentos
9

Prefácio
[por Lucia Helena da Cunha Gayotto]
11

Introdução
15

Harmonia Corpo-Texto: A Abordagem Fenomenológica
19

A Fenomenologia no Teatro

Metodologias de Treinamento da Voz em Relação ao Texto
31

Cicely Berry; Barbara Houseman; Patsy Rodenburg; Kristin Linklater

Técnicas Psicofísicas e as Habilidades Teatrais de Incorporação
53

A Técnica de Michael Chekhov; Anne Bogart: *Viewpoints*

Uma Abordagem Alternativa Para o Treinamento da Voz
101

Uma Fenomenologia da Voz

Bibliografia
107

Agradecimentos

Este livro não seria possível sem a ajuda de algumas pessoas que, de uma maneira ou de outra, contribuíram e cederam suas valiosas orientação e assistência para a preparação e conclusão desta obra. Para estas pessoas, eu expresso a minha profunda gratidão:

Jane Boston, minha orientadora na Universidade de Londres. Seu conhecimento e comprometimento me inspiraram e me motivaram.

Dra. Tara McAllister-Viel, diretora do Departamento de Voz da East 15, que me ajudou e guiou com paciência e sabedoria.

Claire Grandolpho e Luiz Carlos da Silva, meus pais, que acreditaram em mim e me proporcionaram a ida a Londres.

Minha irmã, Juliana Grandolpho da Silva, que me encorajou a enfrentar e superar as adversidades.

Meus parceiros do Mavs (Master of Arts in Voice Studies) do Royal Central School of Speech and Drama, que me acolheram e tornaram minha adaptação a uma nova cultura e a uma nova língua mais prazerosa.

Luciano Castiel e Debora Hummel, do Teatro Escola Macunaíma, que me abriram as portas para o ensino, para a exploração do mundo da voz do aluno/ator e possibilitaram a publicação deste livro.

Prefácio

Marcela Grandolpho parte de alguns atributos pessoais necessários ao ofício teatral: é determinada, persistente, curiosa e sutil. Durante os sete anos em que trabalhamos em meu consultório, nos quais ela sempre foi de uma pontualidade britânica, sem que nenhuma falta atravessasse a continuidade do que fazíamos, sua persistência trilhou importantes trajetórias no teatro: formou-se atriz; atuou profissionalmente e fez cursos estruturais, como com Eugenio Barba. Foi, pouco a pouco, adentrando na área vocal, tornou-se professora de voz; e agora, nos presenteia com este livro urdido a partir de sua experiência na Universidade de Londres, na Royal Central School of Speech and Drama (CSSD).

Tais atributos de Marcela foram aprimorados na CSSD, ao ter como tema de estudo o cerne de sua própria experiência: em uma busca complexa e genuína de se comunicar em língua estrangeira, o treinamento oferecido pelas aulas práticas foi o norte para suas conquistas vocais como atriz e para estruturar e conceituar seus ensinamentos como preparadora vocal.

Em nome de esclarecer o papel da linguagem no teatro, sua pesquisa lança mão de revisitar a teoria fenomenológica de Merleau-Ponty, dirigindo o foco do treinamento "principalmente no corpo do ator e na fisicalização das imagens textuais"[1]. Tal visão

---

[1] Ver infra, p.21

coloca a linguagem em conexão com o corpo, manifestada na performance do ator, o que incita práticas mais sensoriais e perceptivas. Entretanto, ao discutir tal teoria, de autores como Eli Rozik e Bert O. States, compreendemos melhor como uma abordagem fenomenológica significativa deve lançar uma rede mais ampla para incluir aspectos textuais, ficcionais e o espectador.

Nessa longa incursão, o livro nos oferece abordagens vocais, textuais e de linguagem conceituadas por excelentes preparadoras vocais da atualidade: Kristin Linklater, que propõe a remoção de bloqueios para libertar a voz natural, não pelo processo de habilidades, mas pelo de identidades vocais; Barbara Houseman, com o método da descoberta da voz, de sua musculatura; e Patsy Rodenburg, com foco nas práticas de concentração, presença e linguagem. Todas são ligadas, de algum modo, a linhas de atuação europeias e passaram pela Royal Central School of Speech and Drama.

Partindo de seu objetivo fundador, de criar uma abordagem pedagógica e investigar sua subjetividade vocal, Marcela apresenta uma vivência de incorporação para o treinamento com base em técnicas psicofísicas, como as de Anne Bogart (*Viewpoints*), no princípio de preparação de atores do teatrólogo Michael Chekhov, segundo o qual a voz e o corpo passam a ser portais para o universo da imaginação e vice-versa. Ou seja, as ações vocais e físicas portam potências imagéticas do ator.

Marcela mostra uma extensa gama de desdobramentos práticos e conceituais de ambas as técnicas psicofísicas e propõe uma abordagem de preparação vocal, com uma série de exercícios. Por fim, revela como esse processo a levou a conceituar a atuação com atores, traçando uma proposta fenomenológica para a voz e libertando-se de prováveis entraves que originalmente a língua estrangeira aflorava. Revela: "os problemas colocados pela linguagem também recuam, uma vez que o corpo do ator torna-se a fonte de expressividade primária".

A partir da teoria fenomenológica, o livro ensina como os treinamentos psicofísicos e os métodos das preparadoras vocais citadas podem elucidar o trabalho com a linguagem do texto teatral em busca de uma comunicação encarnada, realizada enquanto ação vocal.

A obra oferece ao leitor muitas perspectivas investigativas, que mereceriam desdobras para outros registros em artigos, capítulos e, quem sabe, um novo livro. O material é vasto e instigante.

Meu encontro com Marcela, na descoberta de sua voz, inaugura outros olhares com suas inquietações aqui expostas. Faço votos de que seu encontro com os leitores incite mais e mais a busca pelas delícias investigativas da voz e de seus sentidos.

Lucia Helena da Cunha Gayotto
Atriz e diretora vocal.

Introdução

A singularidade de cada indivíduo é refletida no fato de que não há duas vozes idênticas, e as diferenças anatômicas e culturais do uso da voz são consideradas parte enriquecedora do processo de ensino-aprendizagem. A voz pode ser entendida como um instrumento, que é tocado pela saída do ar dos pulmões, passando pelas pregas vocais até criar o som, que ressoa e é articulado no trato vocal. Essa analogia forma a base do treinamento vocal, sem perder de vista o fato de que a voz e as palavras pronunciadas são parte de um complexo cultural de pensamentos, sentimentos, corpo e psique, que requer atenção e respeito tanto de quem fala como de quem escuta.

No livro, a relação entre voz e linguagem é abordada de forma eclética, a partir das metodologias desenvolvidas pelas mais importantes preparadoras vocais de atores no mundo, entre elas Cicely Berry, Kristin Linklater, Barbara Houseman e Patsy Rodenburg. Tais técnicas possibilitam o desenvolvimento de práticas no treinamento da voz, através de uma abordagem sensível, imaginativa e criativa, que explora as habilidades da voz pessoal do ator para a interpretação dos textos. "A voz comunica o mundo interior e a psique para o mundo exterior de ouvidos atentos, no palco e na vida", escreveu Kristin Linklater em *Freeing the Natural Voice* (Libertando a Voz Natural)[1].

Com base nessa premissa, iniciei a busca por técnicas que pudessem liberar o ator de um processo de criação extremamente racional

---

[1] *Freeing the Natural Voice*, p. 8.

de aproximação com o texto e permitissem a experimentação de sensações corpóreas para ampliar suas possibilidades expressivas. De início, visava ao ator que precisava se expressar e interpretar um texto em uma segunda língua, mas logo percebi que tais técnicas eram benéficas para qualquer profissional no processo de transformar literatura em teatro e texto em ação vocal. Explorei duas metodologias bem conhecidas no trabalho de formação do ator, para mostrar como métodos de atuação psicofísicos, especificamente as técnicas de Michael Chekhov e o *Viewpoints* de Anne Bogart, podem ajudar na incorporação vocal do texto.

Essa extensa pesquisa, retratada nas páginas a seguir, fornece uma pedagogia alternativa para uma função básica do ator, que é dar vida a um texto que não é seu, que lhe foi emprestado por um autor para a construção da peça. Muito comumente, esses textos são traduções de originais em outra língua e trazem dados de uma diferente cultura. Em geral, as traduções de textos teatrais se concentram em fazer sentido sobre as ideias dentro da linguagem. Esse trabalho, porém, se concentra no desempenho do texto falado, de dar sentido à língua como uma experiência sensorial, o que inclui suas possibilidades emotivas.

Em primeiro lugar, serão relatados os princípios metodológicos da teoria fenomenológica e sua aplicação ao teatro. Em seguida, teremos uma visão geral de estudos sobre a voz desenvolvidos pelas especialistas: Cicely Berry, Barbara Houseman, Patsy Rodenburg e Kristin Linklater. Essas abordagens foram escolhidas pela extensão e importância das pesquisas feitas por elas, que resultaram em metodologias específicas para o trabalho vocal, levando em conta a anatomia e fisiologia da voz, bem como a manifestação da mesma no discurso e na fala teatral. Todas possuem inúmeras publicações sobre o assunto e olham para o ator de maneira holística e de forma individualizada.

Em seguida, o leitor verá uma análise de certos aspectos da técnica de Michael Chekhov e do *Viewpoints* de Anne Bogart, que oferecem exercícios práticos para a conexão entre voz e texto.

Por fim, apresento minha visão sobre uma possível abordagem alternativa para o treinamento de voz do ator e para a construção de ações vocais a partir do texto, pensando em uma fenomenologia da voz.

Será útil para o leitor entender as particularidades da terminologia empregada ao longo deste livro. A primeira é a palavra "conexão", utilizada para falar sobre a ligação, a ponte, construída entre voz e texto. Para isso, empresto o termo de Cicely Berry, que o descreve em *Text in Action* (Texto em Ação): "o dinamismo da língua tem de estar presente no ator no momento em que ele fala [...] Essa ligação vai muito além do significado literal: é o encontro entre a intenção da personagem e da imaginação do ator, que é então liberado através da palavra".

O segundo termo utilizado é "incorporação" (*embodiment*)[2], definido filosoficamente por Maurice Merleau-Ponty (*incarnation*) e redefinido como prática do treinamento do ator por Phillip B. Zarrilli, que associou o treino psicofísico e a fenomenologia da incorporação a partir da filosofia moderna. A fenomenologia servirá, portanto, como abordagem metodológica, e o termo citado será melhor explorado no capítulo seguinte.

O terceiro termo é "verdade". Ele se refere à ideia de "verdade das ações" definida por Constantin Stanislávski. Trata-se de uma "verdade cênica", na qual a vida é transformada no palco, em seu equivalente poético, pela imaginação criadora originada no plano da ficção imaginativa e artística.

> Tudo o que acontece no palco deve ser convincente para o próprio ator, para seus parceiros e para os espectadores. Deve inspirar crença na possibilidade, na vida real, de sensações análogas às que estão sendo experimentadas no palco pelo ator. Cada um e cada momento devem ser impregnados pela crença na veracidade da emoção sentida e na ação levada a cabo pelo ator.[3]

---

2 C. Berry; A. Noble, *Text in Action*, p. 3.
3 C. Stanislávski, *An Actor Prepares*, p. 130.

O quarto termo é "performance das intenções", aplicado para falar sobre a capacidade de um ator para expressar sua emoção, suas sensações e intenções através da voz ao falar o texto. O público deve ser capaz de ler essas intenções no corpo do ator e de ouvi-las em sua voz. Os sentimentos e as sensações vêm à superfície, a partir de uma indicação no corpo, para que o público possa compreendê-los como parte de uma narrativa. A palavra "performance" é utilizada apenas como sinônimo de atuação, desempenho ou manifestação da competência linguística do falante.

Pensando em termos de teatro, o termo "intenção" é utilizado aqui por nós como a maneira pela qual um ator executa a percepção dos acontecimentos e o mundo interno da personagem. De acordo com Kristin Linklater, a intenção se manifesta quando "a perfeita comunicação do ator implica um quarteto equilibrado de emoção, intelecto, corpo e voz. Nenhuma das partes pode compensar, com a sua força, a fraqueza das outras"[4].

O quinto termo é "ação vocal", utilizado como na definição de Lucia Helena Gayotto. Com foco na expressividade e no texto, trata-se de conceber e praticar os recursos vocais ligados às forças vitais:

> O conceito de ação vocal pretende uma emissão em acordo com a ação cênica e não uma voz apenas dramatizada, distante da realidade do texto. Ela deve ser construída em harmonia com a cena, para que se efetue como acontecimento expressivo concreto, vivo, que fuja dos clichês vocais vazios de sentido, contendo em si mesma todos os elementos da personagem: psíquicos, culturais, situacionais, corporais [...] Desloca-se não apenas fisicamente, através de ondas sonoras, mas pelos sentidos e afetos que provoca no encontro entre as personagens, e destas com o público. Deve comunicar as nuances mais impalpáveis do pensamento e dos sentidos.[5]

---

[4] *Freeing the Natural Voice*, p. 9.
[5] L.H.C. Gayotto, *Voz, Partitura da Ação*, p. 27.

Harmonia Corpo-Texto: A Abordagem Fenomenológica

A distância entre um ator e a linguagem é representada pela experiência fundamental da dicotomia corpo-mente, que tem sido central na cultura humana. Essa divisão foi desenvolvida em diferentes campos do conhecimento e da experiência como uma espécie de oposição binária entre espírito/matéria, sujeito/objeto, e, no caso do teatro, ator/texto ou ação vocal/texto literário. Como o renomado diretor, preparador e ator Phillip B. Zarrilli aponta, a questão reflete a experiência euroamericana da dicotomia que se pensava existir entre o cognitivo, conceitual, formal ou racional e o corporal, sensorial, material e emocional.

Essa versão do dualismo corpo-mente pode ser rastreada até Platão, que afirmava que a mente tinha um estatuto metafísico superior, independente e capaz de participar do conhecimento do mundo das formas ou das ideias. O corpo fazia parte do mundo físico e, portanto, era uma dissuasão ou obstáculo ao desenvolvimento epistêmico e espiritual de uma pessoa.

Essa divisão permanece intransponível na maior parte da história do desenvolvimento filosófico ocidental e, consequentemente, há uma inferiorização do corpo em relação à superioridade da mente na compreensão filosófica e psicológica da experiência humana. Com a ascensão do racionalismo e do iluminismo europeu, sob a influência de René Descartes, esse dualismo corpo-mente foi estabelecido como um fato irrefutável, um axioma filosófico. A mente racional passou a ser considerada o elemento que constitui a existência: "cogito, ergo sum".

Essa publicação sugere técnicas de atuação específicas para tentar transpor essa dicotomia e estabelecer uma relação simbiótica entre o corpo físico do ator e o texto da peça, através de um treinamento vocal psicofísico. Um pré-requisito para esse tipo de exploração é uma revisão fundamental de nossa compreensão do papel da linguagem no teatro. Com base em uma revisão dos radicais que compõem o conceito de linguagem para o ator, busco apoio em uma teoria filosófica da linguagem, como a fenomenológica da incorporação.

Qualquer tentativa de estudar a sério o que acontece no teatro como uma forma de arte reflete a necessidade fundamental de compreensão de como a humanidade gera significado através de suas diversas linguagens e dos meios de comunicação. A performance do ato teatral, em muitos aspectos, é tipicamente representativa das ações humanas em seu contexto sociocultural.

Um processo de geração de significados ocorre no contexto de cada experiência teatral, no encontro real entre a peça de teatro e o espectador. A compreensão do drama deve se concentrar na performance do ator e em como seu desempenho gera significado para o espectador, através do texto literário. Assim, devemos ser capazes de distinguir entre o drama como literatura e como performance, ou seja, o texto transformado em ação. E o foco do trabalho deve tratar da passagem da literatura dramática para ação física e vocal em cena, tendo o ator como agente essencial na geração de elementos de significado no teatro.

Essa é a razão para a adoção de uma abordagem fenomenológica, como a teoria mais sensata para entender o papel do ator e os problemas práticos que ele enfrenta no teatro contemporâneo. Desse modo, ao dar vida a um texto e a todo o seu contexto cultural, os problemas específicos enfrentados pelos atores são vistos e explicados aqui a partir de uma perspectiva fenomenológica do teatro.

As dificuldades colocadas por um distanciamento inicial entre ator e texto dramático podem ser negociadas de forma significativa quando estamos dispostos a superar e modificar visões ortodoxas e estreitas sobre a atuação e as limitações impostas pela linguagem na construção da personagem.

A visão comum é a de que a linguagem literária é um instrumento particular e o meio que um ator tem para expressar sua personagem, o que faz da interpretação uma tarefa laboriosa. Ao trabalhar com uma linguagem distante da sua, com a dificuldade de estabelecer uma conexão interna e emocional com a personagem – em especial, a dificuldade de conectar sua voz com o texto –, os problemas que surgem no processo de criação do ator podem parecer intransponíveis, principalmente se ele mantiver uma visão tradicional e convencional da linguagem e sua performance.

Se o ator reconsiderar esse ponto de vista e começar a olhar o seu corpo como algo realmente flexível e com uma enorme capacidade de expansão do seu potencial de expressão, a maior parte das questões específicas a respeito do idioma, das palavras e da cultura começarão a ser transformadas.

A partir dessa perspectiva, a abordagem fenomenológica do teatro e da atuação torna-se desejável e significativa. A teoria vai ajudar a colocar o foco principalmente no corpo do ator e na fisicalização das imagens textuais. Uma vez que o ator abraçar essa teoria, o ônus recairá em encontrar técnicas psicofísicas necessárias para treinar o corpo e desenvolver habilidades teatrais de incorporação. Mas antes de se aventurar no treinamento e na prática, a teoria da fenomenologia tem de ser sensatamente incorporada ao teatro.

A Fenomenologia no Teatro

De acordo com Zarrilli, o treinamento em modos específicos de práticas corporais "acelera a consciência do indivíduo, aumenta sua acuidade sensorial, percepção e, assim, anima e ativa todo o corpo-mente. Essa atividade interna é ressonante e, portanto, sentida"[1].

O teatro é uma arte complexa, que envolve elementos que representam diferentes domínios da produção cultural – autor, ideias, texto, contexto sociocultural, linguagem, interpretação, encenação, diretor, ator e espectador. Cada elemento representa um mundo próprio, e a inter-relação entre cada um dentro do teatro torna-se um todo complexo. O foco dessa análise está em dois elementos fundamentais: o ator e o texto.

A abordagem moderna com foco na performance do ator e seu corpo é informada pela fenomenologia. Os benefícios de uma utilização abrangente da fenomenologia pelo teatro são mais práticos do que teóricos. O problema da linguagem e da língua, foco deste livro, é melhor entendido a partir de uma perspectiva fenomenológica ampla o suficiente para empregar ferramentas práticas variadas em prol do trabalho do ator. A dificuldade do ator para se conectar psicofisicamente com seu texto deve ser vista a partir dessa abordagem.

As funções do corpo dos atores devem ser redefinidas para, além de projetar a realidade física, desempenhar a linguagem, a textualidade, a caracterização e o efeito estético. O corpo deve transmitir plenamente o significado intencionado pelo ator para o público, independentemente das restrições culturais e formais da linguagem particular do texto.

A presença física dos atores no palco marca o limite e as limitações da tradicional abordagem semiótica, orientada pelo e para o texto no teatro. Essa interpretação convencional, com seu foco fixo sobre o texto literário, ignora totalmente os corpos dos atores. Com a adoção de um enfoque fenomenológico do teatro, acontece uma mudança de paradigma. A abordagem passa a ser feita do texto para o corpo, enfatizando que os corpos no palco desfrutam de um tipo de independência, que parte do texto, mas deve ser experimentada em sua própria direção.

---

[1] *Psychophysical Acting*, p. 19

A partir do século XVII, os filósofos ocidentais, influenciados pelo princípio cartesiano, passam a identificar o corpo como um objeto físico muito parecido com outros objetos materiais. Essa visão atinge certo peso de irrefutabilidade, uma vez que foi pensada e reforçada pelos estudos objetivos e científicos do modernismo.

Por volta de 1960, surge uma onda de ceticismo em relação a esse ponto de vista. As premissas objetivo-científicas sobre os poderes da mente e do corpo começam a ser questionadas e reavaliadas. A figura mais importante entre os que formularam essa crítica foi o filósofo francês Maurice Merleau-Ponty. Seu pensamento marcou uma mudança de paradigma no pensamento ocidental sobre o papel do corpo na constituição da experiência[2].

Merleau-Ponty faz uma crítica à natureza estática e objetiva da maioria das representações da experiência do corpo. Ele rejeita os pressupostos das ciências naturais e da psicologia moderna, que consideravam o corpo um instrumento sob o comando e o controle de uma mente onisciente, desafiando, assim, o *cogito* cartesiano. Para Merleau-Ponty, a centralidade do corpo e a experiência corporificada são os meios através dos quais o mundo é experienciado. Ele exigiu um reconhecimento do corpo como um fenômeno experimentado nas imediações de sua concretude vivida e não como um objeto representável.

A *Fenomenologia da Percepção*, de Merleau-Ponty, antecipa muitas preocupações da filosofia analítica surgida posteriormente. Ela é baseada em uma psicologia empírica, que visa explorar a relação experiencial que temos com o mundo. Seu trabalho é importante pela descrição estendida e esclarecedora do nosso relacionamento com o próprio corpo na percepção e na ação. Com Merleau-Ponty, o foco da investigação filosófica passou do "eu penso" para o "eu posso" do corpo, ou seja, visão e movimento como modos de se entrar em relação intersensorial com objetos ou com o mundo[3].

...

2 Cf. M. Merleau-Ponty, *Fenomenologia da Percepção*, passim.
3 P.B. Zarrili, Toward a Phenomenological Model of the Actor's Embodied Modes of Experience, *Theatre Journal*, v. 56, n. 4, p. 655.

A fenomenologia de Merleau-Ponty é uma mudança extremamente significativa para a compreensão da experiência humana e do mundo ao seu redor. A teoria tem sérias implicações para a nossa forma de entender e fazer uso das ciências e das artes. Compreender como a fenomenologia pode interagir com as ciências e as artes para fornecer um relato descritivo da natureza humana corporal nos ajuda a reexaminar nossa avaliação da linguagem e seu papel na elaboração de nossa experiência do mundo. De ser textual ou verbal, a linguagem começa a aparecer como performance, por si só, centrada no corpo.

A proposta fenomenológica de Merleau-Ponty sobre a experiência cotidiana do corpo abre novas possibilidades na relação entre ator e corpo. Sua teoria lança luz sobre o misterioso abismo existente no binômio corpo-mente, tão comum na apresentação teatral.

Uma percepção adequada do corpo e de seu espaço ajuda o ator a utilizá-lo no palco, não como um objeto material, mas como personificação do mundo ou do texto que ele representa.

A percepção do corpo não é uma recepção passiva da experiência registrada pela mente, mas uma síntese ativa do movimento e da consciência do espaço. Isso significa que a experiência do corpo contraria o procedimento reflexivo que separa sujeito e objeto. As implicações dessa teoria valem para a experiência teatral.

No teatro, o corpo do ator não é apenas um corpo, mas um processo de incorporação das experiências do seu dia a dia na preparação da peça. Também significa modos altamente especializados do agir em cena, através de práticas não cotidianas ou extracotidianas.

Essa noção de incorporação, como um processo de encontros, distancia o corpo da ideia de puro objeto e coloca no passado a tendência de objetivar o pensamento e a percepção, dando lugar ao envolvimento. Do ponto de vista dos espectadores, tal noção de incorporação reorienta sua concepção a respeito do ator e sua caracterização. E, para o ator, essa teoria vai ajudá-lo psicofisicamente a entender e superar o conflito corpo-texto, ultrapassando todos os tipos de barreiras linguísticas.

Na obra *Fenomenologia da Percepção*, Merleau-Ponty defende que a sensação é compreendida em movimento e, assim, a percepção está relacionada a uma atitude corpórea. Nesse sentido, o autor redimensiona a compreensão do ator no processo de conhecimento, ao superar a noção de percepção proposta pelo empirismo e pelo intelectualismo.

> Não é o sujeito epistemológico que efetua a síntese, e o corpo; quando sai de sua dispersão, se ordena, se dirige por todos meios para um termo único de seu movimento e, quando, pelo fenômeno da sinergia, uma intenção única se concebe nele.[4]

A fenomenologia evoluiu significativamente após Merleau-Ponty, e as tentativas de se usar essa teoria em outros campos, como no teatro, colocaram em evidência novas questões sobre o corpo. Uma delas é a "ausência corpórea", definida por Drew Leder no seu trabalho *The Absent Body* (O Corpo Ausente). Ele investiga por que o corpo, como um campo de experiências, tende a diminuir a partir da experiência direta e, assim, tornar-se ausente para nós, como acontece no caso de atividades habituais ou de automação.

Inspirando-se na abordagem fenomenológica da experiência cotidiana do corpo, Leder examina uma ironia fundamental nela envolvida: enquanto o corpo é a presença mais permanente em nossas vidas, também é essencialmente caracterizado pela ausência. Tendemos, constantemente, a ignorar o nosso corpo na experiência cotidiana, dando enfoque ao mundo das ideias. Essa ausência corporal caracteriza, muitas vezes, o engajamento em atividades como a arte do espetáculo e a atuação. Normalmente, a atenção de um ator volta-se para um entendimento racional e mental do texto, esquecendo-se de agregar a dimensão corporal e física, para perceber e experimentar as imagens e a linguagem do texto.

---

4 M. Merleau-Ponty, op. cit., p. 312.

Leder fala sobre dois modos de incorporação que acontecem em nossa vida cotidiana, o corpo de superfície e o recessivo[5]. O corpo de superfície abrange as funções sensoriais primárias, que moldam o campo experimental. O corpo recessivo é o visceral, o interior. Enquanto o corpo de superfície torna-se ausente devido à automatização, o recessivo torna-se, muitas vezes, ausente pela própria natureza do seu ser, escondido nas profundezas da pele.

A experiência diária do corpo é um entrelaçamento constante entre estados de superfície e recessivo, projetando-se num instante para o mundo e, em seguida, escondendo-se. Sendo assim, o desaparecimento e a ausência do corpo marcam a relação incessante com o mundo, de acordo com Leder.

Ele argumenta que a experiência da ausência de nosso corpo é a base para a percepção do conflito mente-corpo. A tendência em estar ausente projeta a razão, a mente. Isso incentiva o abandono dos modos mais positivos de cultivar os tipos de consciência corporal, tão exigidos do ator ou do *performer*.

Resolver o problema da ausência corporal e fazer a recuperação do corpo para o centro do palco é um primeiro passo para a dissolução do conflito entre texto e voz. Phillip B. Zarrilli, reflete sobre os modos de ser do "corpo no mundo" como o aspecto mais importante da moderna experiência de teatro do ator contemporâneo[6].

Segundo ele, esse saber corpóreo precisa ser resgatado. Afastamo-nos da realidade corpórea e da experiência com os sentidos por privilegiar a razão, separando, de certa forma, as dimensões da mente e do corpo. Uma das possibilidades para se ampliar essa experiência sensível está na obra de arte e na dimensão estética. "O logos estético exprime o universo da corporeidade, da sensibilidade, dos afetos, do ser humano em movimento no mundo, imerso na cultura e na história, criando e recriando, comunicando-se e expressando-se."[7]

---

5   Cf. *The Absent Body, passim.*
6   Cf. op. cit., p. 653.
7   T.P. da Nóbrega, Corpo, Percepção e Conhecimento em Merleau-Ponty, *Estudos de Psicologia,* v. 13, n. 2, p. 143.

A partir da teoria de Merleau-Ponty, a abordagem fenomenológica tem evoluído de forma significativa como uma teoria para o teatro, devido, principalmente, ao trabalho de Bert O. States. Ele defende a subordinação do texto ao corpo do ator e a sua incorporação no papel da criação de experiências teatrais.

Muitos pensadores de importância no teatro contemporâneo, porém, sentem que uma fenomenologia do teatro deve ser mais abrangente, a fim de ser uma perspectiva prática para resolver os problemas reais enfrentados pelos atores nas peças de teatro. Um modelo significativo, para seguir nessa direção, é o proposto por Eli Rozik. Seu ponto de vista é de que a abordagem fenomenológica não deve se limitar à presença física no palco, mas incluir todos os aspectos do texto teatral, bem como o seu substrato semiótico.

Bert O. States, em *Great Reckonings in Little Room* (Grandes Encontros em Pequenas Salas) oferece um suporte teórico sistemático para a presença irredutível do corpo no palco, com base na distinção entre os dois modos complementares de análise: a semiótica e a fenomenologia, que constituem uma espécie de visão binocular, na qual um olho nos permite ver o mundo e a arte como fenômeno, enquanto o outro olho nos permite vê-los significativamente.

Das duas perspectivas sobre o mundo e a arte, a semiótica, para States, é uma disciplina útil, porém, incompleta. Considerando que o interesse dos semioticistas é restrito aos significados de uma performance, o fenomenólogo está em busca da "essência" das coisas.

A abordagem semiótica habita no poder que o teatro tem como sistema de signos e gerador de significados, criando para os espectadores uma espécie de ilusão. Para States, os atores no palco são mais do que signos e a realidade física ali é todo o chão fenomenal da ilusão teatral. A peça, na verdade, vive nos momentos em que o piso de ilusão racha e um "recrudescimento do real" acontece.

Rozik acredita que o processo de significação pode velar a verdadeira natureza das coisas no teatro, porém, não concorda com a visão de States de que esse mecanismo reflete a sua essência, tornando-se imperativo o desenvolvimento de uma análise fenomenológica alternativa mais inclusiva. Ele sugere que a fenomenologia do teatro deve ser aplicada a "tudo" o que diz respeito à percepção e recepção da peça, e não apenas aos corpos dos atores.

Para empregar a fenomenologia no contexto teatral e torná-la uma teoria prática para os atores, a abordagem deve ser feita com flexibilidade e imaginação, características essenciais da arte do teatro. Nesse sentido, a fenomenologia deve tornar-se uma disciplina da imaginação.

Expandindo os contornos da teoria, podemos olhar o teatro como uma ferramenta do pensamento fenomenológico, já que os espectadores normalmente confrontam a natureza humana em um número infinito de variações que permitem a sua melhor compreensão. Nesse sentido, o teatro pode ser visto como um laboratório de exposição dessa natureza. Em vez de manter o foco sobre os corpos dos atores, uma perspectiva fenomenológica significativa deve incluir aspectos textuais, ficcionais e o espectador. Tal análise pode produzir um ambiente de harmonia, onde será possível ao ator construir uma ponte entre o seu corpo e o texto dramático, entre a sua voz e a do texto.

Com referência ao trabalho de Phillip B. Zarrilli, pode-se concluir que a atuação no palco é uma forma elevada de prática, que exige um maior nível de consciência perceptiva e sensorial em relação ao ambiente de atuação e às emoções do público. Atuar é uma arte que requer ensaios regulares e dedicação para entender as nuances da ação e responder com sensibilidade aos movimentos leves e sutis de sua vibração durante o jogo cênico. E o nível da conexão do ator com suas sensações internas deve se intensificar no tempo presente, de acordo com a intensidade exigida pela personagem na peça.

Phillip B. Zarrilli se refere às diferenças entre o ser físico e o subliminar no ator. Para ele, duas dimensões devem ser consideradas: a estética "corpo-mente interior", descoberta e moldada através de práticas extracotidianas de treinamento; e a estética "exterior" ao corpo do ator, constituída pelas ações e tarefas de uma partitura do espetáculo[8].

O "corpo-mente interior" seria como uma entidade que vive as percepções extrasensoriais da vida cotidiana resultante da experiência de um corpo que passa por um treinamento psicofísico de formação. A sua prática, por um longo período, criaria uma relação com a estrutura da obra teatral capaz de conduzir a conexão do ator às nuances mais sutis do jogo cênico. Dessa forma, a experiência incorporada seria o caminho para trabalhar a relação entre aspectos textuais, ficcionais e o espectador, tão essenciais para um enfoque fenomenológico do teatro, conforme descrito por Rozik.

As implicações dessa teoria fenomenológica para o teatro são muito significativas. A abordagem está repleta de possibilidades de inovação e experimentação. Ao praticar com disciplina métodos de interpretação psicofísicos, o ator pode melhorar significativamente sua experiência da superfície e do corpo recessivo pelo despertar gradual de um terceiro corpo-mente.

Para o ator, isso se traduz na mais completa expressão do seu corpo como performance. Em última análise, a compreensão dos vários modos de incorporação e da natureza recessiva do corpo levará o ator a adotar estratégias para desenvolver uma maior consciência de seu corpo na performance das intenções do texto dramático literário.

---

[8] Toward a Phenomenological Model of Actor's Embodied Modes of Experience, *Thatre Journal*, v. 56, n. 4.

Metodologias de Treinamento da Voz em Relação ao Texto

O objetivo dessa seção é preparar o leitor para uma visão geral das discussões atuais e dos métodos de trabalho que descrevem a relação entre a voz, a linguagem de um texto e a resposta emocional do ator. Isso irá preparar o leitor para uma melhor compreensão do objetivo geral que visa à criação de uma abordagem de treinamento.

Ao analisar o trabalho do ator na criação do papel através da voz e discutir a dificuldade que os atores têm para interpretar vocalmente a linguagem shakespeariana, Louis Scheeder diz:

> Nós pensamos enquanto falamos, e a tarefa é treinar o ator para igualar seu pensamento e sua voz – preparar e treinar o ator para pensar enquanto interpreta um estado emocional elevado, de modo que a linguagem de Shakespeare não seja apenas articulada, mas possuída pelo ator, de modo que ela seja vivenciada em cena – e não aprendida – no momento presente do ato teatral.[1]

Para superar essa dificuldade, precisamos entender como se dá o processo de comunicação e por que a voz desempenha uma grande influência em como o público recebe a cena. Albert Mehrabian,

---

[1] Neo-Classical Training, em A. Bartow, *Training of the American Actor*, p. 269.

famoso professor da Universidade da Califórnia, realizou uma ampla pesquisa sobre o processo de comunicação e o impacto no ouvinte. O gráfico, na figura a seguir, é traçado a partir desses estudos.

IMPACTO DA COMUNICAÇÃO

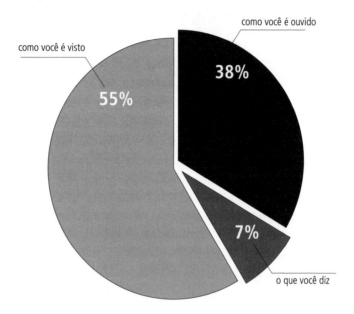

O corpo é responsável por 55% do processo de comunicação.

O gráfico mostra o impacto relativo de três fatores no momento em que você fala com alguém. Como aponta a pesquisa, o corpo é responsável por mais da metade (55%) do processo de comunicação. O modo como os recursos vocais são utilizados correspondem a 38%, e o que você realmente diz, as palavras, representa apenas 7% do total da impressão causada no ouvinte. Isso não quer dizer que as palavras não sejam importantes, mas elas estão muito vulneráveis aos fatores da expressividade corporal e vocal.

Suponha que alguém esteja tentando motivar um grupo de pessoas e lhes diga que algo é "uma grande oportunidade", mas o corpo e a voz não expressem essa qualidade. O ouvinte vai acreditar no que os seus olhos e ouvidos dizem, e não no entendimento racional das palavras pronunciadas.

Outro pesquisador, Klaus R. Scherer, analisou vários estudos, fez uma extensa revisão da literatura sobre o assunto e chegou a algumas conclusões interessantes sobre a comunicação acústica e a forma como o orador articula a mensagem. O consenso parece ser o de que a forma como uma pessoa transmite acusticamente a emoção é mais importante para a interpretação do que as palavras que são ditas.

> A base da comunicação de uma emoção funcionalmente válida via expressão vocal se dá na percepção de que diferentes tipos de emoção são realmente caracterizados por padrões únicos ou configurações de estímulos acústicos [...] Estados emocionais identificáveis do remetente são, de fato, exteriorizados por um conjunto específico de pistas distais. Na ausência de padrões acústicos distintos para diferentes emoções, a natureza do estado subjacente do falante não pode ser comunicada com fiabilidade.[2]

A preparação de um ator deve levar em conta a percepção dessas sutilezas acústicas. Nina Bandelj explica o processo convencional de preparação para um papel:

> A atuação no teatro e no cinema confia, muitas vezes, em generalizações ou virtualizações de esquemas culturais. A criação da personagem tipicamente requer dos atores a generalização do conteúdo cultural conhecido por eles para situações novas. Os atores muitas vezes não podem, literalmente, usar as suas próprias experiências e o conhecimento cultural existente, mas devem transpô-los de acordo com as

...
[2] K.R. Scherer, Vocal Communication of Emotion, *Speech Communication*, p. 231.

circunstâncias do *script* [...] As circunstâncias de um *script* (ou imaginadas por um diretor) definem o tipo de comportamento ou ação a ser promulgada, e a criatividade fica bastante limitada nesse processo de transposição cultural.[3]

Atores, muitas vezes, acabam se apoiando em informações estereotipadas na criação de um papel. Parte do estudo de Scherer abordou essa questão para orientar a preparação de um ator em um papel culturalmente desconhecido. Ele explica: "Não se pode excluir que os atores exageram trejeitos relativamente óbvios e perdem os mais sutis na tentativa da expressao natural da emoção."[4] Dessa forma, na dificuldade de se conectarem verdadeiramente com as sensações do papel, eles acabam por interpretar estereótipos.

À medida que ocorrem em condições naturais, as emoções refletem mais as expectativas socioculturais do que os efeitos psicofisiológicos sobre a voz. Pode-se argumentar, no entanto, que todas as expressões publicamente observáveis são, até certo ponto, retratos[5]. Partindo dessa lógica, os estereótipos, mesmo sendo parcialmente precisos, podem representar a verdade para os observadores, já que a maioria das pessoas reconhece o comportamento estereotipado. Scherer conclui:

> Além disso, já que retratos vocais são reconhecidos de forma confiável pelo ouvinte [...] pode-se presumir que eles reflitam pelo menos em parte os padrões de expressão "normais" (se os dois vierem a divergir muito, a versão atuada, perderia a sua credibilidade). No entanto, pode haver dúvida de que as representações dos atores sejam influenciadas por estereótipos convencionalizados de expressão vocal.[6]

---

3 How Method Actors Create Character Roles, *Sociological Forum*, n 3, p. 397-398.
4 Vocal Affect Expression, *Psychological Bulletin*, v. 99, n. 2, p. 144.
5 Cf. idem, Vocal Communication of Emotion, *Speech Communication*, p. 232.
6 Ibidem, p. 232-233.

Vários métodos de trabalho vocal oferecem técnicas para que o ator possa construir a voz da personagem, levando em conta uma verdade reconhecível, desejada por várias técnicas de atuação. Eles procuram se afastar da ideia do estereótipo, a fim de encontrar uma conexão mais profunda entre voz e texto.

Pode ser mais difícil se aproximar da verossimilhança vocal quando o texto a ser representado pertence a um complexo cultural diferente daquele do ator. Nesse caso, o ator deve se concentrar em métodos que enfatizem uma conexão com o corpo. Tais metodologias evidenciam a comunicaçã, usando todos os aspectos da voz (físico, psicológico, emocional) para ajudar o ator a falar bem o texto. Há uma série de métodos de trabalho a se considerar. Vou focar algumas particularidades daqueles desenvolvidos pelos mais renomados profissionais da voz, que acredito serem os mais úteis para o ator.

Cicely Berry

Nascida em 17 de maio de 1926, Cicely Frances Berry foi diretora de voz da Royal Shakespeare Company e é mundialmente conhecida por seu trabalho como preparadora de voz e texto, tendo passado muitos anos como instrutora na Royal Central School of Speech and Drama. Berry utiliza o texto de Shakespeare como fonte para o ator e o não ator encontrarem confiança ao falar e na construção de imagens através da fala. Ao colocar as pessoas em contato com a sua imaginação, ela aponta caminhos para uma maior autoconsciência.

De acordo com Berry, a voz é uma ferramenta do ator e deve responder eficientemente a suas intenções. Essa eficiência, no entanto, depende da utilização otimizada do aparelho vocal. Quanto mais ágil e eficiente for, mais precisas serão suas intenções. Dessa forma, o trabalho sobre a fisiologia da voz é essencial para ajudar o ator a encontrar a conexão com a personagem e o texto.

Berry trabalha, principalmente, com o teatro de Shakespeare, no qual, segundo ela, a voz carrega o sentido da peça e muito da magia está no uso da linguagem e no desafio do dramaturgo de usar a voz para realizar o encantamento. O inglês de Shakespeare, embora semelhante ao inglês contemporâneo, é, muitas vezes, de difícil entendimento, bem como suas traduções em diversas línguas.

Ela acredita que, muitas vezes, os atores são "intimidados" por Shakespeare, possivelmente por estarem diante de uma língua diferente da sua dominante. É aí que reside o problema da performance. Ao focar seu esforço em ser inteligível para o público, o ator pode acabar deixando de usar a voz para a construção das ações do texto.

> Claramente, a liberdade com o texto vem do conhecimento do que você está dizendo, isto é, do entendimento claro da personagem, suas motivações e ações. Mas por que temos tanto medo de não fazer sentido, acabamos só fazendo sentido literal, e então colocamos uma camisa de força sobre a linguagem, e não ouvimos o que está acontecendo abaixo da superfície.[7]

Para fazer emergir o que está acontecendo sob a superfície da linguagem, Berry criou um método de treinamento da voz composto por três "atitudes": relaxamento, respiração e musculatura.

No relaxamento, o corpo deve estar em boa postura, alinhado e pronto para a ação. Berry inspira-se na técnica Alexander, que ensina "a consciência do alinhamento corporal e, através dela, a liberação da tensão física, tanto no movimento quanto na quietude"[8]. A postura deve estar em equilíbrio, já que "muito relaxamento pode ser embotamento"[9].

---

7 C. Berry, *The Actor and the Text*, p. 24-25.
8 Ibidem, p. 25.
9 Ibidem.

Na verdade, Berry acredita que a tensão é melhor do que relaxamento excessivo, porque a preocupação com o nível de estresse só aumenta a tensão. "Não se preocupe com a tensão. Trabalhe nela, mas não se preocupe com isso. Encontre sua força, sua respiração."[10]

De acordo com a metodologia de Berry, o equilíbrio entre corpo e respiração ajuda a superar a dificuldade com uma linguagem desconhecida – seja Shakespeare ou uma segunda língua. Atuar em uma língua que não é a sua dominante é um grande desafio para o ator. Se não articular as palavras corretamente ou trocar uma palavra por outra, os espectadores podem não entender ou detectar que o ator não tem um bom domínio do que fala. Isso vai diminuir sua credibilidade e a boa vontade do público em se conectar com o espetáculo.

Berry observa que, em Shakespeare, há casos em que o público contemporâneo pode não entender o que as personagens estão dizendo, mas se as falas forem bem interpretadas vocalmente, o significado ainda pode ser comunicado. "Nós ainda rimos de personagens cômicas como Touchstone ou Feste, por exemplo, muitas vezes sem entender completamente o diálogo. O ritmo é primordial."[11]

"É o som das palavras que reforça o sentido"[12], diz Berry. Ou seja, se as palavras não soarem bem, o público não vai entender o texto. E a respiração, enfatiz, é o poder da voz e permite sua projeção em grandes espaços, como em um teatro, provendo a ressonância e também sua flexibilidade:

> Temos que ver a respiração não simplesmente como o meio pelo qual nós soamos bem e comunicamos uma boa informação, mas temos que vê-la como a vida física do pensamento, de modo que possamos conceber a respiração e o pensamento

---
10 Ibidem.
11 Idem, The Body in the Voice, *American Theatre*, v. 27, n. 1, p. 122.
12 Ibidem, p. 36.

como um só [...] Pensamento quer dizer a expressão de uma personagem preenchida de quaisquer sentimentos que ela possa ter.[13]

De acordo com Berry, com a respiração vem o discurso. Ao respirar para falar uma frase, o ator também deve ser a personagem falando essa frase como se fosse a primeira vez. Em uma entrevista para o diretor americano Scott Ellis, ela explica o que seu método pode fazer para a ação física da respiração:

> Eu acredito firmemente que nós queremos ouvir Shakespeare como se estivesse sendo falado no mundo de hoje, ao mesmo tempo honrando sua linguagem elevada. Isso requer um monte de habilidades, como andar em uma corda bamba. Para isso, tenho desenvolvido uma série de formas de trabalho, a fim de fazer o ator sentir a fisicalidade do discurso no corpo para que ele libere a linguagem sem fazer soar falsa e desatualizada sua poética. E isso pode ser emocionante.[14]

O trabalho com a musculatura da fala é outra ferramenta útil que ajuda o ator a obter clareza no discurso, a projeção adequada e o tom apropriado. O exercício com o corpo vocal envolve todos os músculos do processo de fonação.

> Com o objetivo de explorar a substância dos sons, irá, em seguida, referir-se à substância do significado. Exercícios de articulação farão com que a língua e os lábios se movam mais rapidamente e, para esse fim, são bons, mas eles não vão necessariamente aumentar nosso uso das palavras. Cada palavra tem a sua própria energia e substância dentro de seu contexto, e essa é a consciência que devemos buscar.[15]

---

13 *The Actor and the Text*, p. 26.
14 The Body in the Voice, op. cit., p. 36.
15 Idem, *The Actor and the Text*, p. 28.

A articulação ajuda o ator a imbuir mais significado a cada palavra. Como mudam de significado, de contexto para contexto, as palavras vão mudar a cada performance. No caso de um ator que fala um texto com palavras que lhe soam estranhas ou parecem não "caber" na sua boca, a articulação pode ser a parte mais importante do treino da voz.

Não basta pronunciar as palavras corretamente para que o público tenha um entendimento do texto. É primordial que seja dada, a cada palavra, sua total importância dentro do contexto das circunstâncias. "Temos que trabalhar na linguagem, bem como na voz. Temos de praticá-la, em certo sentido, para conseguir mais adeptos a sentir seu peso e movimento."[16]

É o peso e o movimento que fazem com que as intenções do texto ganhem vida, independentemente da língua falada. Peso e movimento incluem muitos aspectos conotativos. Em *The Actor and the Text* (O Ator e o Texto), Berry relata uma reunião de professores de voz de teatro vindos de toda parte da Europa e da Ásia. A partir dessa reunião, ela constatou algumas importantes facetas do interculturalismo no trabalho vocal.

> Da Bulgária, ouvimos algo do efeito de um regime repressivo na língua e como você precisa segurar a sua própria maneira de falar, a fim de manter seu senso de identidade. Mais do que isso, como você tem de dobrar sua língua, para que você possa falar a verdade, sem comprometer ou pôr em perigo a si mesmo ou sua família. Da Índia, ouvimos os efeitos do colonialismo em sua voz, até que ponto ela se dirige para longe de suas raízes e, portanto, o quanto é importante para recuperar a sua memória sonora [...] Na Índia, com atores e professores que atuam e trabalham principalmente em inglês, percebi novamente o quão difícil é sentir uma ligação emocional com outra língua e que, muitas vezes, a sua segunda

---

16 Ibidem, p. 15.

língua. E por todas as razões que queremos fazer a voz se comportar, fazer sentido em uma linguagem que não chega a pertencer a você, foi muito difícil para eles encontrar a raiz da voz. Isso foi na Índia, mas esse deslocamento cultural, no que diz respeito à linguagem, acontece em todos os lugares.[17]

Para Berry, as políticas que fazem parte do falar um segundo idioma e o peso que isso acarreta para um ator que deseja atuar com verdade cênica tornam essa tarefa um grande desafio. Por mais assustador que isso possa ser, Berry, como muitos outros, acredita que o esforço deve ser feito também no âmbito social e político. "Nosso sotaque e/ou origem cultural afeta o modo como percebemos o texto, como podemos ouvi-lo e, portanto, no final, como vamos interpretá-lo. Isso também deve ser uma questão política, pois temos de abrir o teatro para todos."[18]

A inclusão torna-se, então, o principal impulso para a performance de um texto. Ela engloba aqueles que não podem falar a língua, mas irão entender o sentimento que caminha junto com a cultura por trás do idioma.

Barbara Houseman

Barbara Houseman formou-se professora de voz na Central School of Speech and Drama e trabalhou durante seis anos no Departamento de Voz da Royal Shakespeare Company, ao lado de Cicely Berry. Atualmente, mantém uma carreira como preparadora vocal, trabalhando ao lado de grandes diretores e atores do cinema.

Houseman destaca, no desenvolvimento da voz, características capazes de dar-lhe mais poder, mais força, mais vontade, expressão,

---
17 Ibidem, p. 293.
18 Ibidem.

flexibilidade e clareza. Ela se concentra em ensinar aos atores sobre como a voz funciona em todos os sentidos da palavra e como se comunicar melhor.

Seu livro *Finding Your Voice* (Encontrando Sua Voz) estabelece alguns princípios básicos para ajudar aqueles que usam a voz profissionalmente a "encontrar a sua verdadeira voz"[19]. Ele aborda o assunto não só através do ângulo teatral, mas também pela perspectiva científica, e destaca, principalmente, as partes anatômicas que agem em conjunto para criar o som que nós associamos com nossas vozes. Seu método consiste em treinar e desenvolver os músculos e os órgãos que criam a voz.

Para a autora, a confiança e o comprometimento do ator são o mais importante no treino da voz. Se um ator é inseguro e assume um papel difícil, como aquele que requer a apropriação de um texto diferente do que está acostumado a interpretar, ele terá um obstáculo a superar. Ao aceitar um papel, ele deve estar confiante na sua capacidade de realizá-lo de forma adequada e comprometer-se com ele.

Houseman acredita que se um papel envolve um trabalho vocal extenso, em vez de modificar a voz para se adequar a ele, o ator deve ter consciência do que sua voz está "fazendo". Essa atitude trará mudanças mais rápidas do que o estresse de tentar alterar a voz, algo que não acontece naturalmente. As personagens são, afinal, uma mistura do texto e da personalidade do ator, então, parte do retrato do papel é a sua própria personalidade adaptada à personagem. E a voz é parte dessa personalidade.

Ao não ir além de seus limites físicos com a voz, o ator terá a tranquilidade necessária para um bom desempenho. Muito esforço, acredita Houseman, pode resultar em tensão. Por isso, um ambiente descontraído e livre de estresse tem grande importância para o desenvolvimento da voz. Nele, ela destaca o que chama de generosidade – que ultrapassa a cortesia para com outro

---

19 *Finding Your Voice*, p. XIV.

e volta-se para si mesmo. Se um ator se critica muito, ele nunca irá desenvolver a autoconfiança necessária para representar um papel mais desafiador.

Grande defensora da manutenção dos sotaques, Houseman explica que a tensão gerada na boca e na garganta, quando um ator tenta falar com outro sotaque, pode fazer com que ele seja mal interpretado. "Trabalhe em sua própria voz para encontrar sua plena clareza, riqueza e expressão. Se você não pode ser compreendido ou sua voz tem uma expressão limitada, a riqueza de seus pensamentos e sentimentos nunca será comunicada."[20]

A tensão na boca e na garganta, acrescenta, causa falta de confiança e uma escuta exagerada de si mesmo enquanto fala.

> A falta de confiança nos leva a prender a voz na garganta como uma maneira de monitorar o que está saindo de lá. Ouvir a si próprio enquanto fala é 'uma forma de monitoramento, de verificação, que nos impede de sermos completamente livres em um momento'.[21]

Se um ator não tiver confiança na sua capacidade de desempenhar um papel de forma adequada, ele estará constantemente se verificando para ter certeza de que está atendendo as suas próprias expectativas. Isso vai distraí-lo e ele não conseguirá se conectar com sua expressividade interna, pois estará "preso" à forma.

A língua falada pelo ator não faz diferença, desde que, ao expressar suas intenções, ele faça as palavras ganharem vida para o público. Esse é o trabalho do ator. Já o público tem o trabalho de interpretar. Nesse ponto, Houseman e Berry concordam.

> Se eles estão ou não falando inglês, não faz diferença para mim. Quero dizer, se realmente o ator se abre para a sua

---

20 Ibidem, p. 4.
21 Ibidem, p. 118-119.

própria maneira de falar, com o mesmo rigor necessário a qualquer linguagem, no sentido desta ser muscular, ouvindo as mudanças nos ritmos da fala, ele trabalha da mesma maneira que uma pessoa que fala inglês. A voz é a voz. E o que você tem a fazer é honrar a linguagem.[22]

O ator precisa facilitar isso. As palavras são a moeda de nosso reino, e o desafio é superar, abraçar as palavras e torcê-las para extrair delas o que cada um pode.

Patsy Rodenburg

Patsy Rodenburg também realizou seus estudos na Central School of Speech and Drama e trabalhou, inicialmente, como atriz antes começar a ensinar e se tronar chefe do Departamento de Voz da Escola Guildhall de Música e Drama, em Londres. Rodenburg trabalhou com a Royal Shakespeare Company e com o Royal National Theatre, onde fundou o Departamento de Voz. Também trabalhou no Teatro de Arte de Moscou e ensinou milhares de atores, incluindo Daniel Craig, Orlando Bloom e Joseph Fiennes, apenas para citar alguns.

Segundo Rodenburg, o trabalho vocal é capaz de fazer ou destruir um *performer*, pois alguns treinamentos muito formais podem desconectar o ator de suas emoções. A base de seu trabalho para ajudar o ator a transmitir a intenção através da voz está no exercício da concentração, que pode ser dividida em três níveis ou círculos, dependendo de como a atenção se desloca entre um foco e outro. Esses três círculos foram, inicialmente, definidos por Constantin Stanislávski, que acreditava que a concentração era a chave para "reeducar" o ator.

---

[22] C. Berry, The Body in the Voice, op. cit., p. 122.

Os "círculos de atenção" de Stanislávski variavam em tamanho e propósito, sendo que o menor era o que ele chamava de "solidão em público". À medida em que o círculo se torna maior, o ator aprende a se concentrar ou focar em áreas relativamente mais extensas, excluindo-se o que não está no círculo.

Ele definiu a atenção dirigida a objetos situados "fora" do ator como "externa", enquanto a "interna" estaria baseada na sua vida imaginária, consistente com as circunstâncias dadas, e incorporaria os cinco sentidos do ator.

Rodenburg empresta a ideia de Stanislávski e acrescenta a dimensão da voz: "Há três círculos de concentração [...] mas as variantes são infinitas e de maneira nenhuma rígidas. Como falantes, nós existimos em um desses círculos a cada momento de nossas vidas. Nós podemos mudar rapidamente entre eles."[23]

Ter a consciência de que a atenção pode mudar entre os níveis de concentração ajuda a controlar onde e como direcioná-la. Para um ator, isso não só define a maneira como ele age, mas também o modo como constrói a personagem. Rodenburg sugere que os atores usem as mudanças na atenção para "concentrar e energizar suas vozes e colocar sua imaginação diretamente a serviço das palavras das personagens", bem como para criar "alguns momentos poderosos e sagazes no palco"[24]. Ganhar o controle do foco é uma prática essencial do treino do ator que se manifesta no palco.

Para praticar o foco necessário para um bom desempenho no palco, o ator deve conhecer cada nível de concentração dos círculos. O primeiro é o da introspecção, reflexão e isolamento. Ele contrasta com o terceiro, que atrai a atenção de qualquer maneira possível: charme, força ou pretensão. Atores são, muitas vezes, considerados contumazes habitantes do terceiro círculo. O segundo círculo parece ser o mais desejável: é nele que a verdadeira interação humana tem lugar.

∎∎∎
23 The Naked Voice, *American Theatre*, v. 27, n. 1, p. 46.
24 Ibidem.

No segundo círculo, a sua energia está focada. Ele se move em direção ao objeto de sua atenção, toca-o e, em seguida, recebe a energia de volta dele [...] Você está vivendo em uma via de mão dupla, você doa energia e responde a ela, reagindo e se comunicando livremente. Você está no momento, e a cada instante você dá e recebe. No segundo círculo, você toca e influencia a outra pessoa, em vez de impressionar ou impor sua vontade sobre ela. A energia no segundo círculo, quando positiva, é generosa. Ele gera intimidade.[25]

Saber qual círculo de concentração se está habitando em cada momento é extremamente importante para que a consciência seja aplicada em todo o corpo, e a voz ecoe na performance. Isso deve ser feito, segundo Rodenburg, através da percepção corporal, e não apenas do intelecto. Ela descreve como alguns alunos que não conseguiam atingir esse nível de consciência, depois de algum tempo de treino, adquiriam essa presença, quase como um milagre, e o trabalho deles no palco melhorou consideravelmente.

Estar presente em um círculo permite que o ator saiba a forma de comunicação necessária para aquela circunstância. Muito parecido com o nível de relaxamento de Houseman – tranquilo, mas pronto para executar, mesmo que ansioso com a apresentação –, a presença à qual Rodenburg se refere também começa com a confiança na capacidade de falar bem o texto:

O que está sempre presente quando vejo grandes atores interpretarem é a sua capacidade de tornarem suas cada palavra que eles falam. Eles tomaram a linguagem de alguém e transformaram-na em sua própria. Momento a momento, as palavras, pronunciadas pelo ator, parecem ser descobertas de maneira única e formadas de maneira fresca, como

---

[25] Ibidem.

se fossem faladas pela primeira vez. Os maiores atores têm muita curiosidade sobre a linguagem.[26]

Kristin Linklater

Sob a tutela de Iris Warren, Kristin Linklater recebeu a maior parte de seu treinamento de voz enquanto era estudante na Academia de Londres de Música e Arte Dramática (LAMDA) e é chefe da Divisão de Artes Cênicas do Departamento de Interpretação, na Universidade de Columbia.

A técnica de Iris Warren foi desenvolvida pela primeira vez na década de 1930, e usada originalmente para resolver um problema comum entre atores: ampliar a voz para expressar emoções fortes. Rapidamente, Linklater descobriu que para resolver esse problema deveria pedir aos alunos que se concentrassem nas emoções bloqueadas. O objetivo de sua metodologia de treinamento era libertar-se através de sua voz e enfatizar que o foco estava em ouvir o ator, e não a voz do ator. Ela descreve o seu método como uma abordagem que:

> Foi concebida para libertar a voz natural, em vez de desenvolver uma técnica vocal. O pressuposto básico do trabalho é o de que todo mundo possui uma voz capaz de expressar, através de duas a quatro oitavas da faixa de afinação natural, qualquer gama de emoções, complexidade de humor e sutileza experimentadas. O segundo pressuposto é o de que as tensões adquiridas através de uma vida, bem como defesas, inibições e reações negativas a influências ambientais, muitas vezes, diminuem a eficiência da voz natural a ponto de

---

26 *Speaking Shakespeare*, p. 210.

distorcer a comunicação. Assim, a ênfase aqui é na remoção dos bloqueios que inibem o instrumento humano de se tornar um hábil instrumento musical.[27]

O treinamento progride lentamente e de forma diligente através de uma ampla variedade de exercícios e relaxamento. A ideia por trás da técnica Linklater não é se concentrar em articulação e pronúncia, mas em liberar a voz natural, que reside em cada aluno para promover a honestidade e a conexão emocional.

Para desenvolver uma voz mais saudável, comunicativa e com expressão emocional aberta é preciso resolver os bloqueios psicológicos e físicos de cada pessoa. Para transmitir um significado de "paracomunicação", Linklater descreve a maneira como a voz e seus componentes trabalham:

> A voz transmite humor, emoção, atitude, opinião, confiança, convicção, restrição, inibição e uma infinidade de tons sutis de significado que influenciam o falante e o ouvinte. Eu chamo isso de "paracomunicação". O ato de falar é composto de voz e discurso, e a comunicação só é verdadeiramente bem-sucedida se a informação transmitida nas palavras que são formadas pelos lábios e pela língua for igualmente equilibrada com a "paracomunicação" realizada na voz.[28]

Linklater, como outros, acredita que não é a denotação real de uma palavra que transmite um significado, mas a voz e a emoção impregnada na palavra por quem a pronuncia:

> A voz revela mais a autenticidade da personagem do que as palavras ditas, porque ela é formada pela respiração e está intrinsecamente ligada à emoção. Emoção influencia

---
27 *Freeing the Natural Voice*, p. 3.
28 *The Importance of Daydreaming*, p. 43.

a psicologia, a personalidade e o comportamento. Juntas, respiração e emoção criam identidade. O treinamento de voz para atores não é uma questão de aquisição de uma habilidade. A voz é identidade.[29]

Essa identidade penetra até mesmo na barreira linguística, pois é dever do ator criá-la usando técnicas de voz. Em uma entrevista com David Diamond, Linklater diz:

> O dever do ator, até onde eu sei, é ter um corpo livre e aberto, sem tensões, e uma voz que possa expressar toda a gama de emoções humanas, e um intelecto que vai canalizar essas emoções. E o equilíbrio entre voz, corpo, emoções e intelecto tem que ser exato. Caso contrário, você irá obter uma comunicação distorcida.[30]

Ela sugere algumas maneiras específicas para atingir esse equilíbrio, entre elas criar uma biografia ou "história por trás" da personagem através das perguntas: quem, o que, quando, onde, por que e como – essas questões devem ser feitas tanto sobre a personagem quanto sobre a circunstância em que a mesma se encontra.

Para se conseguir os atributos necessários para transformar essa atividade intelectual em ação física e emocional, Linklater indica o uso de cinco "Ps": fatos psicológicos, pessoais, profissionais, políticos e filosóficos (*philosophical*).

> O trabalho sobre a voz e o texto, se bem compreendido e praticado com sensibilidade, pode contribuir criativamente para a arte da interpretação. Se o ator começa com a confiança no poder das palavras em si para gerar informações através da imaginação – se o ator permite que as palavras do texto se

---
29 Ibidem.
30 A. Bogart; K. Linklater, Balancing Acts, *American Theatre*, v. 18, n. 1, p. 33.

insiram no corpo experimentalmente através da respiração e da voz –, portas começam a se abrir entre a mente consciente e as partes inconscientes do cérebro, onde moram a memória, a emoção e a imaginação.[31]

Texto, aqui, implica a palavra impressa. E, uma vez em versão impressa, a palavra invade, primeiro, o sentido visual externo. O ator deve fazer uma tradução consciente da palavra vista na palavra ouvida e sentida. A palavra vista é inerte, enquanto a ouvida se move. Se houver uma transposição consciente da palavra visualizada no papel para a mente, ela irá encontrar um som embrionário e logo aparecerão associações, memórias e sentimentos.

Com base em novas descobertas da neurociência, Linklater desenvolveu exercícios que ajudam a acabar com a desconexão entre corpo e mente. Em um deles, chamado de Sonhar Acordado, o ator deve dedicar algumas horas para o relaxamento, a respiração e o estudo do texto. Ele deve usar um gráfico com círculos concêntricos, começando na borda externa com os cinco "Ps" e as questões. Conforme os círculos vão ficando menores, as sugestões se tornam mais específicas e consistem em imagens, emoções, experiências e frases. O objetivo dessa técnica é chegar ao centro do gráfico, em que há apenas palavras que encarnem a personagem.

Esse exercício vai ajudar o ator a pronunciar as palavras que ele imagina para a personagem com maior precisão e conexão. "Imagine, se puder, que a sua voz, o seu cérebro, suas emoções, sua respiração e seus cinco sentidos estão todos no centro do seu corpo em algum lugar abaixo do seu diafragma"[32], escreveu Linklater em *The Importance of Daydreaming* (A Importância do Sonhar Acordado). Em seguida, ela recomenda dizer lentamente as palavras escolhidas para representar a personagem, deixando-as controlarem a respiração e criarem imagens estimuladas por todos os sentidos.

---

31 K. Linklater, *The Importance of Day Dreaming*, p. 44.
32 Ibidem, p. 124.

Essas imagens sensoriais irão inspirar o movimento que, por sua vez, guiará a junção de palavras em frases. As frases irão funcionar como gatilhos de memórias da personagem, que devem habitar a respiração do ator. A partir desse tipo de meditação, a história da personagem se revela. Em seguida, o ator pode fazer novas perguntas e considerar os diferentes aspectos do papel, acrescentando e tirando informações até que sinta ter capturado a sua presença:

> As palavras são gradualmente impressas em suas ondas cerebrais, como estão enraizadas em sua história passada. As palavras que você fala estarão em reação à ação de seu imaginário. Os detalhes desses ingredientes animam a respiração, informam a voz e despertam a inteligência que as palavras precisam.[33]

Esses exercícios também ajudam na criação da personagem e a tornar a performance mais convincente:

> Eu inventei o exercício criativo Sonhar Acordado para incentivar meus alunos quando estão começando a trabalhar em um texto ou um *script*, para dependerem menos do livro ou da pesquisa na internet com biografias escritas de suas personagens. Em vez disso, estimulá-los a depender mais de suas imaginações, suas memórias e suas emoções.[34]

O método de Sonhar Acordado pode funcionar bem para um ator conectar-se com um texto de linguagem desafiadora, porque o ajuda a imaginar traços da personalidade da personagem de maneira única, já que ele faz parte de sua construção. Afinal, a personagem é criada parte pelo escritor, parte pelo artista e parte pelo público.

---

[33] Ibidem.
[34] Ibidem.

Estudos mostram que as pessoas têm maior afinidade com a linguagem usada na infância, porque podem se recordar do estado emocional que está associado com uma palavra ou frase. O contexto em que as palavras aparecerem [em uma primeira língua] cria vários traços na memória e reforça sua representação semântica. Em uma segunda língua, elas são menos usadas e aplicadas[35]. Portanto, ao pronunciar palavras a que não está acostumado, o ator ativa uma quantidade de associações muito menor no cérebro. Linklater acredita que o corpo desempenha um papel importante na fala e, com ele, deve-se estimular novas conexões no cérebro:

> Falar é um ato físico que envolve os sentidos, as emoções e a respiração. O ato de falar palavras em todo nosso aprendizado é, portanto, condicionado a um ambiente emocional. Palavras partem do lado esquerdo racional do córtex cerebral para nossas bocas, raramente perturbando nossos corpos. Como professora de voz para atores, meu trabalho é reunir cérebro e corpo experimentalmente.[36]

Linklater encoraja os atores a assumirem papéis que os desafiem. Na sua opinião, quanto maior o desafio, mais habilidade o ator vai desenvolver, mais interessante ele será e mais interessado se tornará não apenas no teatro, mas na vida em geral. "Um ator que quer ficar seguro é um ator chato. Uma das coisas que você tem de aprender como ator é como entrar em lugares perigosos. E você não faz isso confirmando o que você já sabe."[37]

...
35 C.L. Harris; J.B. Gleason; A. Aycicegi, When is a First Language More Emotional?, em A. Pavlenko, *Bilingual Minds*, p. 271.
36 *The Importance of Day Dreaming*, p. 43.
37 A. Bogart; K. Linklater, Balancing Acts, *American Theatre*, v. 18, n. 1, p. 106

Técnicas Psicofísicas e as Habilidades Teatrais de Incorporação

Uma abordagem teatral baseada na fenomenologia, visando a um processo de incorporação em sua plena potência, é sugerida como a maneira mais sensata de o ator conectar a voz com o texto. Todos os métodos contemporâneos e significativos de treinamento seguem, de uma forma ou de outra, o uso do corpo do ator para ajudá-lo a conectar a expressividade da sua voz a do texto.

Independentemente das formas estéticas empregadas ou do quão abstrata seja a concepção da performance, o corpo do ator deve ser cultivado como um instrumento capaz de variadas maneiras de expressão. Esse é o ponto de partida de diversas teorias, mas cada uma propõe uma metodologia diferente para o processo de incorporação.

Pesquisas feitas por relevantes escolas de treinamento do ator, como a de Michael Chekhov e Anne Bogart, mostram que as técnicas psicofísicas são bastante eficientes na tentativa de entender como a incorporação do ator pode assumir formas e finalidades variadas. A perspectiva psicofísica, aqui, é pensada a partir da definição de Phillip B. Zarrilli, a qual

> Não começa com a psicologia ou com a emoção, mas com o trabalho daquilo que Eugenio Barba descreve como performance pré-expressiva – preparando o corpo, a mente, a

percepção e a consciência sensorial, a energia para o trabalho expressivo do ator. A preparação começa com o treinamento psicofísico.[1]

O objetivo desse capítulo é fornecer ao leitor uma compreensão dos métodos de treinamento do ator desenvolvidos por Michael Chekhov e da versão dos *Viewpoints* de Anne Bogart. Nele, serão apresentadas algumas técnicas com possibilidades de adaptação para uma abordagem alternativa à preparação vocal de atores.

Os exercícios descritos foram criados ou adaptados por mim, a partir das técnicas mencionadas. São práticas desenvolvidas durante minha experiência como professora de interpretação e voz. A lista é bastante extensa, mas selecionei alguns, levando em conta a potencialidade para a criação de ações vocais, a ludicidade, a utilidade e a facilidade de aplicação para professores e diretores que não sejam especialistas na área de voz, atores e estudantes de teatro.

A Técnica de Michael Chekhov

Nascido em 1891, em São Petersburgo (Rússia), Michael Chekhov foi aluno de Constantin Stanislávski, mas desenvolveu seu próprio método de atuação, a partir de questionamentos que surgiram enquanto trabalhava com o mestre russo .

Stanislávski comparou o estudo de seu sistema com o da gramática de uma língua. Ele advertiu, no entanto, que assim como o conhecimento da gramática por si só não garante uma bela escrita, o conhecimento de suas técnicas só é útil para um ator se for acompanhado de uma imaginação fértil. E reitera a utilização das faculdades imaginativas, em vez de tentar copiar a realidade:

---

[1] *Psychophysical Acting*, p. 8.

Não existe tal coisa como a realidade no palco. A arte é um produto da imaginação, como o trabalho de um dramatista deve ser. O objetivo do ator deve ser usar sua técnica para transformar a peça em uma realidade teatral. Neste processo, a imaginação desempenha, de longe, a tarefa mais importante.[2]

O Sistema Stanislávski torna necessário, para o trabalho do ator, possuir uma rica fonte de imaginação. Quanto mais fértil a imaginação, mais interessantes seriam as escolhas feitas na construção da personagem.

Considerando que Stanislávski enfatizava a experiência sensorial do ator como fonte de sua performance criativa, Michael Chekhov começa sua pesquisa a partir da observação de imagens moldadas pela imaginação do ator e enfatiza a primazia de uma forma psicofísica integrada de treinamento.

Para o ator contemporâneo, procurando técnicas eficientes de se conectar com o texto, um exame atento dos elementos-chave e das técnicas do sistema de Chekhov pode ser uma revelação e tanto. Ele sugere que o ator precisa ser capaz de trabalhar de forma disciplinada com aquilo que é imaginado, bem como com as imagens que surgem em resposta ao seu envolvimento com a obra de arte.

A tarefa do ator é tornar-se um participante ativo no processo da imaginação, em vez de ser apenas um sonhador passivo, para trazer o mundo da imaginação para o palco e dar-lhe vida[3]. Ou seja, o ator precisa ser capaz de deixar de lado as imagens para permitir-lhes afundar no subconsciente e conseguir acolher as mudanças provocadas nelas, quando retornarem transformadas.

Ao reconhecer a independência do mundo da imaginação, o ator começa a se expandir e transgredir os limites da sua autopercepção cotidiana e, finalmente, começa a incorporar essas imagens. Além de uma imaginação flexível e bem desenvolvida, Chekhov requer

---

[2] *An Actor Prepare*, p. 54.
[3] M. Chekhov, *To the Actor*.

do ator um corpo sensível aos impulsos internos. Ele propõe uma série de exercícios úteis para aumentar a flexibilidade e a capacidade de resposta do corpo. Além de exercícios físicos específicos, Chekhov observa que os de concentração, imaginação e atmosfera são cruciais para o processo de incorporação.

A técnica de Chekhov foi baseada em cinco princípios orientadores:

- A técnica é psicofísica (o corpo do ator, a imaginação, o espírito e as emoções estão intimamente ligados).
- Ele utiliza meios intangíveis de expressão (ideias e conceitos que não se pode necessariamente ver ou provar), que são fundamentais para a técnica.
- É, apesar de suas muitas facetas e ideias, um sistema completo. (Isso significa simplesmente que, utilizando qualquer um dos princípios, os outros serão despertados.)
- A criatividade se compõe de aspectos intelectual e espiritual e é descrita como espírito criativo e intelecto superior.
- O domínio sobre as ferramentas e princípios da técnica promete liberdade artística.

Esses cinco princípios levaram a outras ideias, que Lenard Petit chamou de dinâmicas[4]. Introduzidas através da prática que inclui o movimento do espaço, da energia, da imaginação, da incorporação e da concentração, essas ideias fazem parte de ferramentas conhecidas como: gesto psicológico, atmosferas, qualidades, corpo imaginário e irradiação. Através dessas ferramentas, o ator desenvolve e treina sua sensibilidade, que lhe permitirá vibrar corporalmente a sugestão de uma ideia ou impulso. Esse compromisso único da mente e do corpo pode descobrir os segredos de um texto ou uma partitura musical:

---

4 Cf. *The Michael Chekhov Handbook*, p. 18.

Eu não acho que seja errado dizer que existem duas concepções diferentes entre os atores no palco [...] Para alguns, o palco não é nada além de um espaço vazio que, de tempos em tempos, é preenchido por atores, cenários, objetos; para eles, tudo o que acontece no palco é apenas o visível e o audível. Para outros atores, o pequeno espaço do palco é seu mundo inteiro permeado por uma atmosfera tão forte, tão magnética, que eles dificilmente podem não se entregar a ela.[5]

Chekhov rejeitou o materialismo e defendeu uma performance que abarcasse o intangível: "Nós insistimos muito nos meios intangíveis de expressão [...] como a atmosfera absolutamente intangível, mas forte, comumente mais forte que as linhas dadas pelo autor."[6]

Apesar de ter desenvolvido um método sistemático de princípios, conceitos e exercícios, não pretendia que tudo fosse seguido como um manual, uma receita. Para ele, os princípios servem como base para improvisações e adaptações.

Eu também não sigo rotinas nos ensaios. Uso e adapto os exercícios, de acordo com a necessidade da peça ou do grupo de atores, tendo em mente que a técnica é apenas uma ferramenta-guia, que deve ser levada em direção a uma maior liberdade para o trabalho do ator. A seguir, estão descritas algumas ferramentas utilizadas por Chekhov e os exercícios desenvolvidos por mim, com base nelas, para o trabalho de expressividade vocal.

Ferramentas

a. Atmosferas e Qualidades

Chekhov substituiu a ideia de memória dos sentidos, usada por Stanislávski, por o que ele chamou de atmosferas e qualidades, que

---
5 M. Chekhov, op. cit., p.47.
6 *On Theatre and the Art of Acting*, disco 4.

seriam "a fonte dos humores inefáveis e ondas de sentimento que emanam de seus arredores"[7].

Para ele, uma atmosfera pode ser considerada como o tom dominante ou o humor de um lugar, de um relacionamento ou de uma obra de arte. E ao partirem inicialmente da atmosfera, os atores seriam afetados na emoção e no comportamento. Na peça de teatro, cada ator terá sua própria resposta a uma situação, mas haverá uma atmosfera dominante, experimentada como um todo e como um fenômeno externo.

Chekhov sugere que os atores pratiquem a criação de atmosferas em sua imaginação, repetindo o exercício até que a atmosfera interna seja satisfatória. Em seguida, ela deve ser alterada, até que se desenvolva com facilidade um mecanismo interno de criação de atmosferas. A partir daí, os atores podem explorá-las, transformá-las, quebrá-las e incorporá-las.

Para Diane Caracciolo, pesquisadora e professora da Universidade Adelphi, quando usado em um ambiente educacional, como na preparação vocal de atores, o método de Chekhov ajuda os alunos a aprenderem através da criatividade: "[Chekhov] Acredita que o corpo do ator e a voz servem como portas que levam para o reino da pura imaginação e do vir a ser das novas criações."[8]

Ao imaginar todas as possibilidades de uma personagem, um ator percebe o que faz mais ou menos sentido no seu corpo, para, então, fazer escolhas que definam seu papel. Na teoria de Chekhov, a visualização desempenha uma função importante, descrita por Richard Brestoff como um movimento de aproximação do ator com a personagem: "Dessa forma, o ator chega a decisões sobre a vida da personagem de forma viva, e não apenas através de um exercício do intelecto."[9]

Mais uma vez, a incorporação é vista como ferramenta essencial para aproximar as dimensões interna e externa na construção da

---

7   R. Brestoff, *The Great Acting Teachers and Their Methods*, p. 64.
8   Strengthening the Imagination Through Theater, *Encounter*, p. 10.
9   Op. cit., p. 65.

personagem. Se o ator sente no corpo os vários aspectos da vida do papel, as circunstâncias, a linguagem do texto e as sensações irão se associar de forma natural. O ator pode, então, imaginar a personagem falando o texto nas circunstâncias visualizadas, prestar atenção nas sensações que isso lhe provoca, experimentá-las no estudo e aplicá-las na apresentação da peça.

Outra parte da técnica envolve o que Chekhov chamou de qualidades. O termo foi usado para se referir aos sentimentos, que no caso do ator são artificiais. Seu método propõe estimular o corpo a adicionar qualidades para que o ator possa atuar de forma menos artificial.

Essas qualidades ajudam o ator a superar os clichês ao experimentar, através da imaginação, novas maneiras de falar o texto. Esse tipo de visualização fornece uma âncora em um território desconhecido, informa o papel e lhe dá profundidade. Ao visualizar a personagem, o ator incorpora o texto e tudo o que antes lhe era estranho torna-se familiar e memorável.

Segundo Chekhov, as atmosferas e as qualidades possuem propriedades cognitivas. E, ao usar o que a mente aprendeu com a imaginação, o corpo e a voz podem recriar no palco as sensações descobertas de maneira verdadeira.

b. Gesto Psicológico

Alguns acreditam que a contribuição mais importante de Chekhov para o mundo do teatro tenha sido o gesto psicológico, descrito pelo diretor e crítico de teatro Charles Marowitz como:

> O mais ambíguo dos *insights* de Chekhov e as palavras em si são bastante enganadoras. Não é tanto um gesto físico psicologicamente trabalhado por si só. Embora possa levar essa forma, é mais como um território a partir do qual tudo deriva para a caracterização física [...] Ao descobrir unidades mais

fundamentais de uma personagem, ele molda a sua vida física, de modo que essa se torna consistente com a descoberta.[10]

Richard Solomon descreve-o como "um movimento físico ou gesto que capta a essência total de uma personagem e é executado internamente enquanto um ator a interpreta"[11].

O gesto psicológico foi desenvolvido para trabalhar o conceito de "objetivo" criado por Stanislávski. Sua construção é feita a partir de uma análise dos objetivos da personagem durante a peça. Após selecionar alguns verbos de ação que melhor representem esse objetivo, o ator deve representá-los em todo o seu corpo. É preciso deixar bem claro onde o gesto começa, onde termina, qual sua forma e direção, além de garantir que o corpo todo esteja engajado nesse movimento.

Ao ser incorporado, o gesto psicológico cria uma conexão física com o objetivo da personagem e pode gerar impulsos para satisfazer a ação. Ele estará incorporado internamente no ator, através das sensações geradas pelo gesto. Tais sensações permitem que o ator fale o texto e interaja com seus parceiros de forma consistente com o enredo e o conflito apresentados. Sendo assim, o gesto psicológico pode estimular a ação vocal.

A técnica usada por Chekhov para ensinar o gesto psicológico consiste em um exercício de composição, no qual o ator deve pensar em um verbo de ação que melhor represente a sua personagem. A atriz Joanna Merlin descreve essa técnica como:

> Muitos verbos ativos projetam a imagem de um movimento ou gesto. Se tal gesto é projetado pelo seu objetivo definido ou ação, tente fazer o gesto fisicamente, da maior maneira possível, para colocar o objetivo em seu corpo. Encontre o som ou a palavra que surge a partir desse gesto. Depois de fazer o gesto várias vezes, tente dizer algumas das linhas do

---

10 The Michael Chekhov Twist, *American Theatre*, v. 22, n. 1, p. 44.
11 *Michael Chekhov and His Approach to Acting in Contemporary Performance Training*, p. 2.

texto ao fazer o gesto. Imagine-se fazendo o gesto interiormente, sem se mover. Ele vai repercutir em seu trabalho, como um impulso para qualquer que seja seu objetivo ou ação. Ele vai ajudar a conectar o seu corpo e mente.[12]

O gesto psicológico também pode ser um gesto físico que o ator utilize para se conectar com a personagem ou um tipo de lembrança psicofísica. Chekhov acreditava que o ele era crucial porque, ao estabelecer a conexão entre a psicologia da personagem e o corpo, o ator podia tornar-se a personagem. A partir desse instante, todas as partes de seu corpo – a postura, a atitude, os movimentos, as expressões faciais, a voz – se tornariam também da personagem. Segundo Chekhov, se um ator, de fato, praticar essa técnica de forma sistemática, seu corpo se submeterá à vontade criativa.

O diretor e pesquisador Per Brahe define o método de treinamento de Chekhov assim:

> Para suportar o tipo de responsabilidade física exigida de seu corpo, o ator deve treinar exercícios específicos para que o seu corpo desenvolva um vocabulário seguro de especificidades. Isso fornece uma base permanente de habilidades para sua jornada como um artista do palco. Os exercícios de Michael Chekhov, especificamente, os nove exercícios que aparecem no início de seu livro *Para o Ator*, fornecem uma maneira clara para o desenvolvimento dessa nova linguagem para o corpo físico do ator.[13]

Os exercícios incluem: 1. Movimentos simples, amplos e abertos; 2. O centro imaginário ideal; 3. Moldar; 4. Flutuar; 5. Voar; 6. Irradiar movimentos; 7. Desenvoltura e Forma; 8. Beleza; e, finalmente, 9. Integridade[14]. Chekhov incentivava seus alunos a praticarem meditação, buscarem o sobrenatural, fazerem aulas

...
12 Ibidem, p. 18-19.
13 Beyond Michael Chekhov Technique, em A. Bartow, *Training of the American Actor*, p. 102.
14 Ibidem.

de ioga ou de qualquer outra coisa que lhes pudesse despertar a imaginação e adicionar-lhes vontade criativa.

Essa vontade criadora, o "Eu elevado", coloca o ator "longe do mundanismo de sua própria maquiagem pessoal em direção a um patamar mais elevado, onde características inesperadas podem ser exploradas e apropriadas"[15].

c. Os Quatro Irmãos

Um conjunto de exercícios conhecido como Quatro Irmãos é particularmente significativo no sistema de Chekhov. Eles permeiam todos os outros trabalhos da técnica e são a sensação da forma, da desenvoltura, da integridade e da beleza.

A desenvoltura envolve executar qualquer ação com leveza e facilidade, independentemente de quão tensa for a situação. A integridade requer a consciência de que cada ação que envolve a peça tem um começo, meio e fim, que devem ser claramente definidos e compreendidos. A forma significa a capacidade de perceber as ações a partir de um ponto de vista estético e implica precisão do movimento. Já a beleza é uma sensação interior que envolve a satisfação com o trabalho.

INTEGRIDADE

Chekhov considerava essencial que a criação artística tivesse uma completude estética, expressada por uma ideia-guia. Por exemplo, em *Rei Lear*, de Shakespeare, essa ideia seria "o valor das coisas mudam em face da luz espiritual ou da escuridão do material"[16]. Para mim, além disso, é um senso de ritmo, equilíbrio e interconexão entre as partes constituintes de uma peça.

Para encontrar a ideia-guia, ele sugere que sejam feitas perguntas dirigidas pelos princípios básicos da composição: a polaridade e

---

15 C. Marowitz, op. cit., p. 44.
16 M. Chekhov, *To the Actor*, p. 99.

a triplicidade. A polaridade se dá pelo conflito, por forças opostas, que no exemplo acima seriam a luz do espiritual e a escuridão do material.

Em artigo escrito para a revista *Shakespeare Bulletin*, Tom Cornford sugere que a polaridade está além da oposição de ideias ou personagens. Por exemplo, quando a personagem Cloten diz "Eu a amo e a odeio", na peça *Cymbeline*, de William Shakespeare, a frase captura a polaridade do amor e do ódio, que permeia toda a peça. O ator, ao falar esse texto, deve ter um vocabulário psicofísico que expresse essa polaridade, e não apenas que se refira à ideia da sua fala. O exercício de contração e expansão, descrito a seguir, pode ajudar o ator a encontrar uma experiência física e imaginativa da polaridade em sua fala.

Exercício: Comece com o corpo em uma posição "fechada", encolhida, e vá expandindo-o, a partir do centro do seu peito, até que chegue à forma de uma estrela (com braços e pernas bem abertos e esticados). Retorne à posição inicial de contração. Repita os movimentos de contração e expansão falando o texto e deixando-se modificar pelo mesmo.

Ao falar um texto, o ator precisa estabelecer uma conexão entre a experiência incorporada e os conceitos abstratos. Ele deve considerar que tudo (peças completas ou um simples movimento) tem três fases – abertura, desenvolvimento ou transição e conclusão – e identificá-las na trajetória da personagem, a fim de criar uma partitura corporal que revele a atmosfera desses três momentos, nisso consiste o que Chekhov denomina triplicidade. Feito isso, deve-se falar o texto enquanto se realiza a partitura.

Usar a atmosfera como base para a partitura é interessante, porque ela define tanto o espaço compartilhado pelas personagens quanto o humor individual de cada uma nesse espaço. Como no exemplo abaixo:

> Imagine um desastre na rua. Alguém foi atropelado. Estamos
> passando pela rua e nos deparamos com essa atmosfera, que

vive no ar como uma força independente [...] Quando entramos nessa atmosfera de desastre, ficamos impressionados com o que vemos. A pessoa machucada tem um humor, o policial tem outro, a audiência tem um outro. Você nunca vai encontrar a pessoa que exemplifique a atmosfera por completo [...] Essa coisa bem objetiva chamada de atmosfera, em uma pessoa chamamos de humor. Você caminha pela rua e pergunta "o que aconteceu?", porque a atmosfera chegou até você e preencheu sua alma. Então, você começa a falar, trabalhar, imaginar, sob a inspiração da atmosfera.[17]

Suponhamos que as atmosferas definidas sejam: confusão, violência e revelação. O elenco todo pode ser dividido para trabalhar essa estrutura. Em três grupos, cada um define uma cor, um movimento e uma qualidade tátil para uma atmosfera. Por exemplo, a confusão pode ser marcada por fumaça cinza, sensação de uma tempestade iminente. A violência pode ser representada por explosões vermelhas e a revelação, por harmonia, dourado, calmaria após a tempestade, *flashes* de luz.

A sala deve ser dividida em três espaços e cada grupo experimenta uma atmosfera em um deles, interagindo para descobrir as ações. Caso esteja trabalhando na trajetória de uma personagem específica, o ator que a interpreta pode ser destacado no jogo, para que os outros se relacionem diretamente com ele, ajudando-o a encontrar ações físicas e vocais. Também é importante explorar a transição de um espaço/atmosfera para outro e começar sempre pela análise do todo, para fiscalizar as ideias da peça. Só depois, deve-se explorar suas partes e das personagens individualmente.

FORMA

Para Chekhov, tanto as ações internas como as externas devem ter uma forma específica. Seu entendimento sobre forma interna

---

17 Idem, *Lessons for Teachers of His Acting Technique*, p. 68-69.

veio de sua experiência com exercícios de meditação de Rudolf Steiner:

> Eu procuro composições harmoniosas no espaço e gradualmente me aproximei da experiência do movimento, invisível ao olho externo, que estava presente em todos os fenômenos do mundo. Para mim, havia esse movimento mesmo naquilo que não se mexia, em formas solidificadas. Foi o movimento que criou a forma e que a mantém [...] Eu chamo esse movimento invisível, esse jogo de forças, de gesto [...] Quando eu realizava gestos criados por mim, eles invariavelmente despertavam sentimentos e impulsos dentro de mim, dando espaço para o nascimento de imagens criativas.[18]

A forma externa seria o texto e a ação. Seu trabalho deve começar na descoberta do gesto, que serve como ponte entre as ideias e o concreto. Para que o significado do subtexto seja expresso em cena e apareça o conteúdo emocional, intelectual e psicológico na voz do ator, ele precisa experimentar no corpo toda forma psicofísica.

O gesto psicológico, citado anteriormente, é uma das maneiras de unir a dinâmica interna e o texto externo.

Exercicio: criar gestos com uma forma e qualidade de movimento específicas. Explorar seu gesto, primeiramente, sozinho e, em seguida, em relação com seus parceiros de cena. O próximo passo é explorar as diferentes direções.

Chekhov define seis direções arquetípicas: para cima, para baixo, para frente, para trás, expansão e contração. A inter-relação entre essas forças cria a tensão dinâmica da cena. É importante enfatizar a flexibilidade da estrutura, explorando as direções até fixar-se em uma. Depois, o exercício deve ser experimentado com diferentes qualidades de movimento.

---

[18] Idem, *The Path of the Actor*, p. 187-188.

Chekhov também define quatro qualidades arquetípicas: moldar (forçar o caminho através da terra), fluir (deixar-se conduzir pela água), voar (mover-se através do ar, quase sem resistência), irradiar (emitir calor, acender-se como fogo), que podem ser combinadas entre si. O ator precisa escolher qual delas tem mais relação com o texto de sua personagem, deixando a voz ser afetada por essa qualidade.

FORMA INTERNA DA PERSONAGEM: O CENTRO IMAGINÁRIO

Os gestos no discurso não têm apenas direção e qualidade. Eles têm também uma origem. Para Chekhov, o ser humano tem três modos arquetípicos de se relacionar com o mundo, que se manifestam em três regiões do corpo: a cabeça (pensamento); o peito e os braços (sentimento); quadril, pernas e pés (desejo, impulso). Qualquer tarefa ou objetivo é consideravelmente modificado ao passar por uma dessas áreas, que foram denominadas por Chekhov como "centros imaginários". Detectar com qual se identifica uma determinada fala ajuda o ator a acrescentar um conteúdo expressivo às palavras.

O próximo exercício ajuda o ator a perceber seus vícios de fala, ouvir a expressividade da sua voz, trabalhar a criatividade e identificar os centros imaginários da personagem. É importante lembrar que 93% da comunicação acontece através do corpo e da voz e apenas 7%, pelas palavras.

Exercício: Em roda, os alunos contam de 1 a 8. Cada aluno fala um número, na ordem crescente, apenas tentando manter o ritmo. Quando chegar ao 8, o próximo fala 1 e assim seguem. Após algumas rodadas, cada um pode falar quantos números quiser e o próximo continua de onde ele parou. Ao terminar a sequência, o aluno deve fazer pausa clara para que o próximo saiba quando começar a falar. É preciso manter uma neutralidade, não dando dicas para o colega seguinte ou indicando com a cabeça.

Depois, cada aluno deve criar uma melodia para falar a sequência numérica, trabalhando graves e agudos, velocidades e volume.

Nessa etapa, o grupo todo repete a melodia criada pelo colega antes que o próximo continue.

A mesma dinâmica deve ser repetida, incluindo movimentos com o corpo todo. Nesse momento, é possível que os alunos se empolguem e contem além do número 8. Cabe ao grupo consertar o erro de contagem na repetição. Por exemplo: se alguém criar uma melodia e um movimento, dizendo 6, 7, 8 e 9, o grupo repete a melodia e o movimento, dizendo 6, 7, 8 e 1. Assim, o próximo saberá que deve iniciar falando 2.

O próximo passo será colocar intenção na fala e transformar o movimento em ação. Ainda só falando os números, expresse pensamentos, sentimentos e desejos, e discuta o que foi compreendido pelo coletivo, sem que eles dissessem palavras além dos números. O texto da peça deve ser passado apenas falando os números, mas mantendo as intenções das falas claras na expressividade corporal e vocal.

FORMA EXTERNA DA PERSONAGEM: O CORPO IMAGINÁRIO

> O corpo imaginário situa-se, por assim dizer, entre o corpo real e a psicologia do ator, influenciando com igual força um e outra. Passo a passo, comece a movimentar-se, a falar e a sentir de acordo com ele. Quer dizer, a sua personagem vive agora dentro de você (ou, se prefere, você habita dentro dela) [...] Discutir meramente a personagem, analisá-la mentalmente não pode produzir esse desejado efeito, porque a mente racional, por muito ágil que seja, é suscetível de deixar o ator frio e passivo, ao passo que o corpo imaginário tem o poder de recorrer diretamente à sua vontade e sentimentos.[19]

Imagine o corpo da personagem fora de você e depois caminhe na sua direção até entrar nesse corpo. Inicia-se, então, um processo de

---

19 Idem, *To the Actor*, p. 79.

acomodação do corpo do ator nesse corpo imaginário. Para isso, os alunos devem experimentar caminhar, realizar ações simples, dizer sim, não ou talvez. É preciso estar aberto para fazer descobertas com esse corpo imaginário, deixar que ele lhes ensine as maneiras da personagem, o comportamento, os pensamentos, o seu modo de falar.

É possível também criar dois corpos para uma mesma personagem. No exemplo da personagem *Lear*, da já citada peça de Shakespeare, um corpo para o tolo e outro para sua figura política.

DESENVOLTURA

Alcançar a integridade e o senso de forma não cria, por si só, uma performance genuinamente viva. Segundo Chekhov, as falas são a base sobre a qual o ator vai desenvolver suas improvisações – o modo como ele fala o texto e preenche suas palavras com intenção abre as portas para uma vastidão de possibilidades.

Para que a performance viva, sua estrutura deve ser balanceada com desenvoltura e uma sensação de facilidade. Para garantir a espontaneidade e a escuta ativa durante as improvisações que irão sustentar os ensaios e o espetáculo, usam-se exercícios de foco de atenção nos impulsos que conectam os discursos:

Leia o texto e encontre o que impulsiona cada fala. Fale esses impulsos em voz alta, como uma deixa para a próxima frase, como um impulso para despertar a fala do seu parceiro. Ele, então, receberá o impulso, dirá o texto e lançará a próxima imagem/impulso. A identificação desses impulsos desenvolve a sensação de que o discurso é parte de uma dinâmica singular, de um processo de dar e receber entre os atores, como as tensões entre as cores de uma tela ou os tons de uma música.

Essa dinâmica é elástica e flexível, portanto, nada é completamente fixado durante o exercício. Deve-se sempre explorar uma nova possibilidade. Teatro é arte ao vivo e sujeita às interferências do presente. Assim, deve haver um equilíbrio entre forma e desenvoltura, para que o ator permaneça vivo em cena.

BELEZA

Chekhov pedia que seus alunos praticassem seus movimentos com a beleza que nascia dentro deles[20]. Conectando o senso de beleza com a ideia de expansão e radiação, o ator tem a sensação de uma existência verdadeira e significante do seu eu interior. Não importa o que o corpo da personagem faça, o corpo do ator deverá expandir e irradiar a vida do papel em direção ao público. É aí que mora a beleza.

Nesse processo, Chekhov destaca a importância de se trabalhar pausas no texto. Elas representam a espiritualidade e despertam a fisicalidade quieta, com um poder enorme de irradiação. Para Chekhov, a pausa não é um momento isolado, mas um vislumbre do fluxo contínuo de vida interior, que atravessa toda a peça e é, muitas vezes, escondida por uma "ação externa":

> Do ponto de vista da composição e do ritmo, onde tudo torna-se uma espécie de "música", onde tudo se move, flutua, entrelaça, sempre experimento uma pausa no palco. A pausa desaparece somente quando a ação exterior está completa, quando tudo se torna exteriormente expresso.[21]

Portanto, se os atores estão conectados uns aos outros através da ação de jogo, eles estão ligados ao público através da pausa. Abrindo-se a uma plateia, os atores tornam-se receptivos e capazes de responder às suas atmosferas, o que pode, portanto, influenciar a apresentação.

A capacidade da técnica de Chekhov para facilitar a comunicação – não só entre texto, performance, atores e diretores, mas entre todos os elementos de uma produção, bem como entre a produção e seu público – é extremamente valiosa. Ademais, a linguagem dessas comunicações não é apenas verbal, mas performativa, baseada em imagem,

---
20 Ibidem, p. 16.
21 *On the Technique of Acting*. p. 137.

movimento e sensação. Chekhov chamou-a de uma linguagem de gestos: "O ator vai entendê-lo nessa nova linguagem e será capaz de seguir em sua direção, sem a necessidade de falar intelectualmente. O gesto vai se tornar uma linguagem entre o diretor e o ator."[22]

Essa linguagem se aplica igualmente aos conteúdos interior e exterior e traz uma visão menos binária da interpretação, já que algumas abordagens tendem a impor uma concepção entre o tangível (não psicológico) da peça e o conteúdo intangível (não verbal).

Ao propor uma análise de todo o conteúdo de uma peça com a mesma linguagem prática, Chekhov nos capacita a tomar nossas próprias decisões sobre o que priorizar dentro desse conteúdo e sua expressão. Ao explorar a performance do texto, essa técnica nos lembra que a peça colocada no palco não é um meio de articulação de uma ideia definida nas palavras, como uma opinião diretiva ou uma crítica, conceito ou instrução. É um meio capaz do desenvolvimento de ideias próprias, e apenas elas podem ser compreendidas diretamente por meio da ação.

d. Irradiação

Mesmo depois de se separar de Stanislávski, Chekhov continuou utilizando os fundamentos da ioga no desenvolvimento de sua técnica. Ele incluiu exercícios semelhantes aos usados no Primeiro Studio, do Teatro de Arte de Moscou, na instrução de seus alunos:

> Enquanto nos esforçamos irradiando, em certo sentido, para fora e para além dos limites do nosso corpo, envie os seus raios em direções diferentes do corpo inteiro de uma só vez e depois através de suas diversas partes [...] Você pode ou não usar o centro de seu peito como a mola mestra de sua radiação.[23]

---

22 D.H. Prey, apud T. Cornford, The Importance of How, *Shakespeare Bulletin*, v. 30, n. 4.p. 502.
23 M. Chekhov, *To the Actor*, p. 12.

O conceito mencionado no final desse exercício convida à comparação com o hatha ioga, ao qual Chekhov teria sido introduzido durante o período que estudou no Primeiro Studio. O plexo solar é distinguido como um "depósito de Prana", que irradia força e energia para todas as partes do corpo. "Imagine um centro em seu peito, a partir do qual os impulsos da vida são enviados a seus braços, mãos, pernas e pés. Comece a se mover, imaginando que o impulso de formar o movimento vem do centro", recomenda em seu livro *To the Actor*. Chekhov evoca ainda mais esse trabalho espiritual ao afirmar que a irradiação significa dar tudo o que o ator tem dentro de si e ao utilizar a suposição da ioga de "que todos os seres vivos possuem um corpo de energia, ou um campo de energia radiante que se entrelaça com o corpo físico"[24].

Por outro lado, Chekhov liga a capacidade de irradiar à de se concentrar, ecoando a associação de Stanislávski. Uma vez que o ator é consciente do poder da irradiação, "ele pode suportá-la e aumentá-la por meio de seu esforço consciente. Seu hábito de concentração também vai reforçar essa capacidade"[25].

Assim como Stanislávski, ele considerava a irradiação um dos meios mais fortes de expressão e estava particularmente interessado em como os atores poderiam trabalhar isso durante uma pausa.

Andrei Bely, com quem Chekhov colaborou, afirma que sua atuação é derivada da pausa e não da palavra, observando que, para Chekhov, "o corpo é como um raio, a palavra nasce da ponta do raio, como uma explosão de energia, a palavra é o rescaldo de tudo"[26]. Com essa observação, Bely alude ao entusiasmo de Chekhov pela forma de arte de Rudolf Steiner, conhecida como euritmia, para treinar atores.

A euritmia pretende tornar visíveis os sentimentos que fazem parte de um movimento particular. Para Steiner, o caráter do movimento deve ser originário da alma do artista e não no intelecto. Embora não sejam idênticos, o conceito de euritmia e a noção de

---

24 F. Chamberlain, *Michael Chekhov*, p. 67.
25 *To the Actor*, p. 115.
26 Apud Y. Meerzon, *The Path of a Character*, p. 215

irradiação parecem estar intimamente relacionados, já que ambos revelam o que é invisível, mas perceptível para o público.

e. Discurso Criativo e Euritmia

Além do conjunto de exercícios anteriormente citados, os alunos de Chekhov eram treinados nas técnicas vocal e de movimento de Rudolf Steiner: o discurso criativo e a euritmia.

Ambos os conceitos foram introduzidos pela primeira vez no início de 1900 por Rudolf Steiner – filósofo, artista, cientista e educador – em colaboração com Marie Steiner-von Sivers, atriz de origem russa.

O discurso criativo tem como função elevar o discurso à consciência. Todos os aspectos da dimensão humana são utilizados para tornar o artista mais equilibrado, mais inteiro. "O discurso revela ao homem a sua natureza divina, e os sons da fala são as forças criativas que o unem a sua origem espiritual, capacitando-o, mais uma vez, para encontrar o caminho que conduz ao espírito."[27]

O discurso criativo usa formas, movimentos e as cores dos sons para pintar imaginações. Steiner trabalha com três estilos de discurso – épico, histórias e poesia épica; lírico, o discurso da poesia; e dramáticos, a voz do diálogo presentificado[28]. O ritmo é parte integrante do discurso consciente e os exercícios específicos são usados para trabalhá-lo através da respiração, da articulação, do gesto e da importância do som e da escuta.

A escuta, por sua vez, está sempre conectada ao ser humano por completo:

> Você tem que aprender tudo o que tem para ser aprendido através do som. A respiração em si deve ser regulamentada

---

27 M. S. Sivers, Das Goetheanum, palestra proferida em 7 de março, 1926, disponível em: < http://wn.rsarchive.org >.
28 *Creative Speech*, p. 95.

inconscientemente quando o som é percebido e, em sensorialmente, ouvido [...] A qualidade especial das ondas sonoras e das vibrações, e o impacto de sons de respiração devem ser sentidos. Escutar deve se tornar um hábito, acima de tudo, para escutar a si mesmo, o que de certa forma é uma sensação.[29]

De acordo com os princípios da euritmia, há movimentos arquetípicos ou gestos que correspondem a todos os enfoques do discurso (os sons ou fonemas, os ritmos e a função gramatical) para cada qualidade da alma (alegria, desespero, ternura etc.) e para todos os aspectos da música (tons, intervalos, ritmos e harmonias).

A euritmia pode ser acompanhada não só pela recitação e declamação, mas também pela música instrumental. É preciso, porém, ter em mente que euritmia é música traduzida em movimento, e não é, de forma alguma, uma dança.

> Há uma diferença fundamental entre euritmia e dança. As pessoas, no entanto, muitas vezes, não conseguem fazer essa distinção ao ver a euritmia no palco, devido ao fato de que euritmia usa como instrumento o corpo humano em movimento. Agora, eu acho que vai ser admitido que o que vimos aqui sobre a euritmia do tom, o canto visível, acompanhada como é por música instrumental, deve ser claramente distinguida da dança comum. A euritmia essencialmente não está dançando, mas é um canto em movimento, movimento que pode ser realizado por um único *performer*, ou por muitos juntos.[30]

De acordo com Steiner, essa experiência deve ser holística e, para realizá-la, o ator deve aplicar sua imaginação no uso de seu corpo, voz e mente. O corpo mantém as impressões sensoriais e

---
29 Ibidem, p. 68.
30 R. Steiner, A Lecture on Eurythmy, *Rudolph Steiner Archive*.

o discernimento intuitivo, que é puramente espiritual e pode ser alcançado através do uso da imaginação[31].

Para Chekhov, o discurso poderia ser motivado por um gesto psicológico ou por uma imagem. Já sua compreensão da ação verbal é influenciada pela filosofia de Steiner e os princípios da euritmia. "O seu aparelho está um pouco para trás do que você vê em sua imaginação. Isso nos mostra a necessidade de desenvolver nossos corpos e vozes, especialmente através de euritmia [...] A euritmia capta os impulsos mais criativos do seu espírito."[32]

Steiner contribuiu com os conhecimentos de Chekhov para muitas áreas, entre elas a arte da palavra falada. A pesquisa de Steiner o levou a uma visão espiritual holística do ser humano e do mundo, chamada antroposofia. Uma de suas preocupações era de que a vida espiritual da Sociedade Antroposófica deveria ter um elemento artístico. Ele estudou o discurso como uma arte e o uso do teatro para fazer a conexão entre o presente e os antigos mistérios gregos. Sivers, que se tornaria segunda esposa de Steiner, estudou sass indicações de Steiner para o discurso e, rapidamente, se tornou uma líder na área de expressão antroposófica.

Steiner descreve o ideal da experiência do ator:

> A vida interna do ator tem que se submeter a mudanças e ao desenvolvimento, até que ele seja capaz de abordar toda a sua arte em um clima religioso. Suponha que um poeta esteja escrevendo uma ode. Se ele for realmente absorvido pelo clima da ode, não vai pensar que sua pena não está escrevendo muito bem. Da mesma forma no palco, você deve ter desenvolvido uma tal devoção instintiva por seu trabalho que, mesmo que você faça uma ação tão simples, como bater sobre uma cadeira, você deve realizá-la com o sentimento de que você está fazendo um ato espiritual. Até que esse estado

---
31 Cf. C. Ashperger, *The Rhythm of Sspace and Sound of Time*, p. 27.
32 Ibidem, p. 26.

de espírito seja atingido, será possível que a arte do palco seja preenchida e permeada com o espírito que por direito lhe pertence. Na verdade, todo o seu futuro depende disso. E não imagine que a atmosfera desejada possa ser obtida por quaisquer exortações sentimentais; não, apenas lidando com realidades. E estaremos a lidar com a realidade quando os sons da fala em seu percurso misterioso se tornarem deuses para nós, deuses que nos formam em nossa língua. Esse deve ser o sentimento que inspira tudo o que fazemos, mas também é o sinal determinante da verdadeira arte.[33]

Devido a sua concentração na construção da imaginação, inspiração e intuição, Steiner concedeu um lugar privilegiado para atividades artísticas dentro de seu sistema de desenvolvimento espiritual. Esses esforços incluíam a arquitetura, pintura e escultura, mas também as capacidades expressivas do corpo humano, como a fala e o movimento. Para Steiner, a linguagem era não só uma qualidade humana, mas também uma característica do cosmos. A partir do zodíaco, viriam as forças ligadas às consoantes e dos planetas, as forças ligadas às vogais. A ligação entre o corpo humano e o universo teria sido fundamental para a renovação do gesto e da fala. E através da euritmia (a arte do movimento iniciada em 1912), Steiner criou uma série de gestos macrocósmicos para as consoantes, e de gestos de alma para as vogais. Esses gestos são executados através da respiração, quando cada vogal ou consoante é falada.

Para o diretor inglês de teatro e cinema Peter Brook, o ator ideal é aquele "que vai, além do virtuosismo conduzido pelo ego, em direção a um tipo de integração psicossomática, que ele chama de 'transparência' [...] de modo que, no momento da transparência, essa fala / canta / dança"[34].

---

[33] N. Anderson, On Rudolf Steiner's Impact on the Training of the Actor, *Literature & Aesthetics*, v. 21, n. 1, p. 159.
[34] D. Williams; L. Marshall, *Peter Brook*, p. 179.

Desse mesmo modo, a formação do ator, conforme Steiner, é um caminho de desenvolvimento para transformar os padrões habituais de expressão e de movimento em capacidades conscientes livres, nas quais o ego inferior do *performer* é sacrificado para que o ego superior possa existir na sua formação artística. Ele desejava que o discurso tivesse um treinamento sistemático como o de um músico clássico. Para ele, esse treinamento deveria começar com um texto épico, que é intrinsecamente poético, refletindo sobre um momento em que os seres humanos pensavam e se sentiam como um só. A próxima fase seria estudar uma personagem espiritual, como o fantasma em *Hamlet*. Só depois disso, o aspirante a ator estaria pronto para atuar.

Steiner fazia seus alunos aprenderem a falar hexâmetros gregos, pois, em sua opinião, eles eram construídos em uma relação saudável entre a respiração e os batimentos cardíacos. Ele acreditava que, assim como os músicos trazem a música inerente à partitura de um compositor para a vida audível, o ator deve trazer poesia para as criações dramatúrgicas. Para que isso aconteça, é preciso restaurar a sensibilidade da palavra, transformando-a em vida. Por esse ponto de vista, a vida da linguagem é a poesia e, para falar com vida, o orador precisa trabalhar não apenas o seu conceito, mas o som da sílaba da palavra.

Através de sua prática como ator, Chekhov teve várias experiências poderosas, que alimentaram sua técnica. A primeira foi a conexão com a personagem por meio do gesto essencial. Ele relata que, quando estava sendo dirigido por seu mentor, o diretor russo Yevgeny Vakhtangov (1883-1922), recebeu o papel de Erik XIV. Vakhtangov deu-lhe a personagem, compartilhando sua visualização de Erik como um homem preso dentro de um círculo, do qual ele tentou continuamente escapar. E, quando ele estendeu as mãos para fora do círculo, nada pôde encontrar, deixando "as mãos balançando na miséria"[35]. Essa forma de ver-se em uma personagem tornou-se, para Chekhov, a técnica do gesto psicológico.

---

35 F. Chamberlain, op. cit., p. 82.

No primeiro capítulo de *Para o Ator*, Chekhov faz a exposição-chave de sua técnica, diretamente influenciada pela euritmia. Ele propõe exercícios com o intuito de estender a consciência do corpo para a periferia e o centro, de aprender por meio dos gestos a moldar, a flutuar, a voar e a irradiar através do espaço. O primeiro exercício remete à indicação de Steiner de que o ator deve se conectar à vida ou à periferia das forças.

Os exercícios que seguem são influenciados pelas ideias de Steiner em relação aos elementos terra, água, ar e fogo. A terra ou os "sons de impacto", termo usado por Steiner, são os sons das letras d, t, b, p, g, k, m, e n, e correspondem à qualidade de movimento que Chekhov chamou de "moldar o espaço". A água ou o som das ondas é a letra l, e ela se conecta aos gestos flutuantes. O ar vibrando som é a letra r, que se relaciona com gestos de voo. Finalmente, os sons de fogo ou soprado são h, ch, j, sch, s, f e w, e estão ligados aos gestos irradiados[36].

Para criar exercícios acessíveis, Chekhov aprofundou o conhecimento de Steiner sobre a natureza do som e do universo. Dessa forma, seu método dirige a imaginação e a criatividade do ator para formar um discurso em movimento – o corpo deve seguir com movimento e sons apropriados qualquer coisa que a mente imaginar. Esse treino é um aprendizado da escuta do corpo e de como se deixar levar por ela porque primeiro surge o movimento no corpo e dele surgem as palavras.

Anne Bogart: Viewpoints

Anne Bogart, diretora artística da SITI Company em Nova York, tornou-se uma das diretoras mais inovadoras e experimentais do teatro contemporâneo. Em um período relativamente curto, cerca de vinte

---
[36] N. Anderson, op. cit., p. 171.

anos, ela estabeleceu um modelo de abordagem fenomenológica para o teatro, adotado e adaptado por artistas de todo o mundo.

Influenciada pela dança pós-moderna, Bogart desenvolveu os *Viewpoints* no início de sua carreira. Ao se mudar para Nova York, em 1974, foi introduzida ao trabalho de movimento de Judson Church e o considerava o mais excitante daquela época. Esse encontro foi inspirador para que Bogart começasse a trabalhar em parceria com coreógrafos. Uma de suas principais colaboradoras foi Mary Overlie, que co-dirigiu vários trabalhos com Bogart, enquanto esta lecionava teatro experimental na Universidade de Nova York. Os *Viewpoints*, inclusive, foram articulados originalmente por Overlie. Borgart adaptou e desenvolveu sua versão, voltada para o treinamento de atores.

> Tornou-se evidente, para mim, como os seis *Viewpoints* eram aplicáveis ao teatro de forma tão clara [...], a atores, não necessariamente bailarinos [...] à encenação [...] à filosofia de movimento no palco com o texto, ao método de Chekhov [...] Então eu comecei a usá-lo e a desenvolver o meu próprio pensamento sobre ele.[37]

Desde aquela época, Anne Bogart e a SITI Company, influenciadas pelo trabalho de Tadashi Suzuki[38], têm expandido os *Viewpoints* de Overlie, adaptando-os para os atores.

Os *Viewpoints* são uma técnica usada para concentrar a consciência dos atores sobre os diferentes elementos da performance e permitem que um grupo possa trabalhar em conjunto, de forma

---

37 A. Bogart, apud D. Olsberg, *Freedom, Structure, Freedom*, p. 24-25.
38 Tadashi Suzuki e a Suzuki Company of Toga desenvolveram o Treinamento Suzuki para o ator. Sua principal preocupação residia em restaurar a totalidade do corpo do ator e revelar as suas habilidades expressivas inatas. Uma disciplina física rigorosa, influenciada pelo balé, pelo teatro tradicional japonês e grego e pelas artes marciais, procura fortalecer o poder físico e emocional do ator. A atenção do treinamento volta-se para a parte mais baixa do corpo, desenvolvendo um vocabulário de trabalho com os pés, e ampliando o controle respiratório e a concentração.

espontânea e intuitiva. Essa técnica é particularmente dirigida a quem deseja ampliar as possibilidades de atuação, desenvolvendo flexibilidade, articulação e potência no movimento e no jogo entre os atores.

Bogart divide os *Viewpoints* em duas categorias principais: tempo e espaço. No tempo, ela inclui duração, resposta sinestésica e repetição. Os *Viewpoints* de espaço incluem forma, arquitetura, relações espaciais e topografia[39].

Os *Viewpoints* supõem uma abertura sensível dos atores para o ambiente do jogo, motivando-os, pelo instinto, a criar uma composição de movimentos. O foco na fisicalidade é fundamental para o teatro de Bogart. Como a prática, muitas vezes, inclui a definição física de uma cena antes do início do diálogo, ela promove um reexame da relação entre a partitura física e o texto. O uso dos *Viewpoints* incentiva o movimento, que é, muitas vezes, justaposto ao texto[40].

Bogart faz questão de dar espaço para o corpo do ator no palco, de dar-lhe liberdade. Ao explorar o instinto natural do corpo, de se mover no espaço e reagir a estímulos externos, a prática de *Viewpoints* permite uma nova abordagem do papel, através da ênfase do comportamento instintivo e da expressividade física.

Para Bogart, a personagem é uma expressão da situação na qual a pessoa está, e os *Viewpoints* permitem que os atores estejam presentes em uma série de situações e possam expressá-las de forma espontânea. Sua técnica incentiva os atores a aflorarem seus instintos como uma maneira de explorar as personagens e encontrar novos significados.

Embora tenha sido inspirada em técnicas de Stanislávski e Chekhov, a prática dos *Viewpoints* é contemporânea, com possibilidades para o ator que deseja explorar o binômio texto--performance, por oferecer um fórum para tentar coisas novas com foco na espontaneidade.

...

[39] Cf. T. Landau, Source-Work, the Viewpoints and Composition, em M.B. Dixon; J.A. Smith, *Anne Bogart*, p. 20-23.
[40] Cf. J. Herrington, Directing with the Viewpoints, *Theatre Topics*, v. 10, n.2, p. 159.

A técnica não é moldada por regras e conduz o poder de julgamento do ator à confiança. O que Bogart não está disposta a comprometer é sua demanda essencial, a de que todas as escolhas de atuação devem ser ditadas por uma resposta instintiva ao que está acontecendo no palco. Os atores exercitam a concentração e respondem, espontanea e visceralmente, a um movimento, som ou linha de texto.

A professora de teatro Joan Herrington vê os *Viewpoints* como "uma maneira de ampliar o vocabulário físico dos atores, tornando-os mais aptos a reagir fisicamente, em vez de intelectualmente. O processo intelectual nunca leva a uma boa atuação"[41].

O corpo é o foco no teatro de Bogart e aos *Viewpoints* a sua capacitação. Ela acredita que mesmo uma modesta introdução ao método leva o ator ao reino do intuitivo, que é o verdadeiro domínio da criatividade. Embora pense que a criatividade não seja estranha a ninguém, Bogart admite que, muitas vezes, ela está bloqueada. Permitir que o corpo "fale" facilita descobertas físicas, que poderiam ser impedidas pelo intelecto.

Para ela, treinar o corpo a responder instintivamente pode criar uma "vida" mais natural no palco do que o comportamento realista. O comportamento instintivo terá um efeito mais profundo porque, em última análise, é reconhecível. Ellen Lauren, membro da SITI Company, descreve os benefícios de forma sucinta, ao lembrar que, no melhor dos ensaios, a prioridade do corpo sobre o texto permite uma resposta emocional mais fiel a ser trazida à superfície[42].

> Em todas as improvisações, o movimento deve ser feito por uma razão. A razão não é psicológica, em vez disso, formal, compositiva e intuitiva. *Viewpoints* = escolhas feitas sobre o tempo e o espaço. Todo movimento é baseado em algo que já está acontecendo. A razão para se mover pode ser uma

---
41 Ibidem.
42 Cf. E. Lauren, apud J. Herrington, op. cit., p. 160.

resposta sinestésica a uma proposta, ou pode clarear uma relação espacial, ou uma escolha sobre velocidade em relação a um andamento que já está presente no palco. O movimento pode ser feito conforme um padrão de chão ou em relação a temas sobre duração que surgem com o grupo. Uma escolha pode ser feita em relação à arquitetura existente ou pode ser uma repetição, forma ou gesto. Mas nenhum movimento deve acontecer arbitrariamente ou por um desejo de variedade.[43]

Em outras circunstâncias, onde há um texto predeterminado para ser falado pelo ator, Bogart ainda usa as sessões de *Viewpoints* para explorar e definir o mundo físico da peça antes de qualquer utilização do diálogo. A vantagem dessa abordagem é que o movimento dos atores no palco não se limita a representar fisicamente o texto, acrescentando dimensões a ele. Como acredita Bogart, a voz deve ser a última coisa – a poesia – quando não há mais nada a fazer.

Filosofia de Trabalho

No trabalho de Anne Bogart, o ator é o criador que faz viver e respirar o texto dentro de uma estrutura. Dar liberdade ao ator é o valor subjacente à filosofia de direção de Bogart. Esse valor se reflete em todo o processo de ensaio, embora a liberdade surja em meio a uma estrutura bem definida. "Definir coisas" é uma necessidade e parte do trabalho que ela chama de "ato violento".

Ainda que, eventualmente, Bogart defina a encenação ou a coreografia, a forma é criada colaborativamente, com base no que os atores trazem para a cena, visando à liberdade de criação deles. Por exemplo, uma coreografia precisa aliviar os atores da preocupação do que fazer fisicamente com seus corpos, liberando-os para se concentrarem totalmente na interpretação. A forma deve ser

---

[43] A. Bogart; T. Landau, *The Viewpoints Book*, p. 71.

fixada, enquanto as emoções permanecem fluidas. Já a estrutura leva à liberdade.[44]

O treinamento desenvolvido por Bogart, além de formar um senso coletivo, criando um vocabulário comum entre os colaboradores, incentiva a espontaneidade e desenvolve, nos atores, a sensibilidade para fazer escolhas composicionais.

Os *Viewpoints* preparam o ator para o ensaio ao mesmo tempo em que proporcionam a liberdade definitiva. Apesar de a improvisação nascida no treino não ser utilizada durante o ensaio, Bogart tenta trazer uma sensação semelhante de liberdade para o "ajuste" da encenação ou da coreografia. Ela combina estrutura e liberdade. E esses dois "opostos" coexistem nos ensaios de uma maneira intrigante.

A técnica é capaz de criar uma situação em que os atores são verdadeiros colaboradores no ensaio. Trabalhar a relação entre a liberdade dos treinos de *Viewpoints* e a violência do processo de ensaio é o que permite que a vida interior da personagem permaneça fluída.

Anne Bogart é uma diretora prolífica e controversa. Em um artigo publicado no *New York Times*, o crítico de teatro Mel Gussow descreve o desacordo sobre seu trabalho entre público e crítica: "Dependendo do ponto de vista, ela é uma inovadora ou uma provocadora, agredindo um texto."[45] Bogart, muitas vezes, ficou rotulada como "iconoclasta", "desconstrucionista" ou "conceitual pós-modernista".

Uma das razões pelas quais Bogart é vista por alguns como uma "agressora do texto", para usar novamente a referência de Gussow, é a maneira como ela desconstrói textos, particularmente clássicos. Para Bogart, uma questão crucial é saber como lidar com os clássicos, que o público já tem conhecimento e faz associações, um jogo com uma "memória cultural" compartilhada ou uma "bagagem". Ela sente que há necessidade, "no mundo pós-moderno" (ela não gostava do termo pós-modernismo, mas passou a aceitá-lo por causa do modo como aborda o reexame dos clássicos), de considerar essa bagagem.

---

44 Cf. A. Bogart, *A Director Prepares*, passim.
45 Iconoclastic and Busy Director, *The New York Times*, March 12, 1994, p 11.

Uma das crenças fundamentais de Bogart é a de que deve ser atribuído ao público um papel importante. O objetivo não é a suspensão de descrença, mas que os membros da audiência estejam conscientes de que estão participando de uma apresentação e, ao mesmo tempo, acreditem no que está sendo apresentado no palco.

O público deve ter permissão para fazer suas próprias associações e ter a liberdade de interpretar. Bogart é dedicada à criação de "poesia palco". Para explicar o que isso quer dizer, ela traz a diferença entre poesia e prosa na literatura, cantar e falar, dançar e o caminhar de pedestres: "Eu estou interessada em poesia cênica em oposição à prosa cênica."[46] Ela sente que o teatro americano carece do poético e sugere que o realismo psicológico seja um dos motivos para tal:

> Pegaram um aspecto muito limitado de seu método [de Stanislávski] e transformaram-no em uma religião. O que eu chamo de americanização do Sistema Stanislávski é realmente esse enfoque ao realismo psicológico, que provou ser um método muito eficaz para interpretar no cinema e na televisão, mas eu me preocupo que isso possa estar matando o teatro. Isso tornou-se tão penetrante como o ar que respiramos. É uma mentalidade que nos envolve tão completamente que não conseguimos ver nada além disso. Ele [o método] limita o âmbito de possibilidade teatral, não apenas para o ator, mas também para o diretor e o dramaturgo.[47]

Essa avaliação não quer dizer que Bogart não encontre em Stanislávski um trabalho de interesse. Ela apenas considera a leitura americana do sistema muito limitante e defende o aspecto psicológico da obra stanislavskiana como essencial, mas não com a exclusão de todo o resto.[48]

...
46 D. Olsberg, op. cit., p. 17.
47 Idem, p. 17.
48 Cf D. Olsberg, op. cit., p. 17.

Em seu desenvolvimento como diretora, Bogart encontrou influências não só em artistas de teatro, mas também em outras artes, como música, artes visuais, dança pós-moderna e dança oriental.

O desenvolvimento da filosofia de movimento dos *Viewpoints* é parte integral do seu trabalho. Ela os define como uma abordagem filosófica da organização do movimento no palco, servindo como base para a formação técnica do ator e como eixo para a encenação.

Importantes Princípios da Improvisação

RESPOSTA

Alguém poderia argumentar que a resposta é a base para a improvisação. Em uma tentativa de descrever o ciclo de resposta, diria que um estímulo desencadeia uma reação, dando início a uma ação, que instantaneamente suscita outros estímulos, fazendo com que um deles abandone a ação atual e responda ao novo estímulo.

A improvisação é centrada na resposta ou reação, em oposição ao iniciar a ação. O ator não está fazendo as coisas acontecerem, mas as vê acontecendo.

> Esteja aberto para o que os outros fazem. Você não tem que ser inventivo. Confie que vai acontecer que acontecerá através de você. Conecte-se plenamente com uma escolha, sabendo que vai mudar. No momento em que se sentir ligado a alguma coisa, vá em frente e procure outra. Não coloque um fim no que você está fazendo. Não decida onde vai acabar. No momento em que algo se torna precioso, deixa-o ir. Desse modo, uma resposta passa de uma para outra. A resposta ou a reação deve estar no corpo ou deveria acontecer através de si mesmo.[49]

---

49 Ibidem, p. 40.

A improvisação dos *Viewpoints*, entendida como sendo uma série de respostas, também pode ser vista como uma série de descobertas, uma viagem ou uma missão, com cada estímulo sendo um potencial para o novo. O grupo todo faz descobertas junto.

ASSUMIR RISCOS

Assumir riscos é outro aspecto importante da improvisação. Muitos dos exercícios de Bogart parecem ter sido projetados para ajudar os atores a superar possíveis bloqueios. Ela os desafia e encoraja repetidamente: "Surpreenda a si mesmo."[50]

QUIETUDE, VARIAÇÃO, CLAREZA E ESPECIFICIDADE

No início do workshop, as improvisações tendem a movimentos rápidos e em *staccato*. Bogart orienta que todos ouçam mais atentamente o que está acontecendo na sala, especialmente o aumento da consciência por trás do jogo, e chama a atenção para se trazer a quietude como parte das "composições", evitando o excesso de movimento.

Para se ter uma gama maior de intervalos, deve-se tentar criar mais variações na composição, como em uma sinfonia. Uma reação não deve necessariamente ser igual ao estímulo. Ela enfatiza a clareza e especificidade no trabalho, evitando movimentos genéricos. Ao se sentir "perdido", adverte, é melhor parar do que fazer alguns movimentos gerais de dança.

FORMA E VIDA INTERIOR

Como já discutimos, a improvisação dos *Viewpoints* foca nos aspectos formais e não na narrativa. Durante o ensaio, quando o material é definido, a coreografia também fica definida. Isso não quer dizer que o interesse principal de Bogart seja a forma de uma peça. Pelo contrário, ela não vê a forma como o objeto final de seu trabalho,

---

[50] Ibidem, p. 41.

mas apenas como um "veículo". Segundo sua teoria, ao se definir a forma, as emoções ou a vida interior podem permanecer fluindo livremente.

Ela discorda da prática em que o ator e o diretor determinam o que a personagem ou o ator estão sentindo em determinado momento. Emoções são fluidas e, portanto, não se pode e não se deve tentar formatá-las:

> Para mim, as emoções são o bem mais precioso das coisas mais bonitas que temos. E, no minuto em que nos agarramos a elas, elas morrem. Na maioria dos ensaios, os diretores vão dizer: "Ok, foi uma boa emoção. Guarde isso." Eu não acho que é uma coisa para se manter. Eu acho que o corpo é um aspecto para se guardar, em termos de se definir onde ele está. Mas para que as emoções sejam vivas, muito fluidas [...] Elas são o fluxo da vida dentro de nós, o corpo é sólido, as emoções não são. Então, por que você iria querer definir uma coisa que é fluida? De certa forma, estamos fazendo tudo isso para que as emoções possam acontecer, mas nós não focamos nas emoções para obter emoções. [Referindo-se a sua teoria sobre a necessidade de se entrar no paraíso através da porta dos fundos] Isso é como atravessar pela porta de trás para chegar à frente.[51]

Posteriormente, em entrevista, Bogart acrescenta:

> Eu não defino a psicologia, eu defino o movimento. E, para mim, o movimento é um subtexto. Eu defino o subtexto no movimento e tento manter a psicologia fluindo. Existe texto e subtexto [...] Para mim, geralmente, há texto e há subtexto dentro do movimento, e há outro *sub* esse nível, que é o ser do ator. O conflito entre esses três, às vezes discordando, às

[51] Ibidem, p. 24.

vezes concordando, realmente me interessa, como se relacionam esses três aspectos no trabalho do artista.[52]

Em vez de texto e subtexto em uma abordagem tradicional do atuar, Bogart sugere três níveis: 1. texto; 2. subtexto ou subtexto coreográfico; e 3. subsubtexto, ou o subconsciente (tradicionalmente entendido como subtexto). "Normalmente, as pessoas dizem que o subtexto está por trás do texto [...] Está dentro dele. Mas eu acho que está fora."[53] Ela acredita que uma coreografia bem desenhada proporciona liberdade para os atores se concentrarem na interpretação. "Se a coreografia não está fixada, eles têm que gastar sua atenção descobrindo o que fazer com o corpo de forma interessante. Se isto já está marcado, eles podem concentrar-se na vida interior."[54]

A coreografia ou forma prevê uma estrutura na qual o ator pode viver dentro. "Muitas vezes, penso uma encenação como um veículo em que você pode viver. É um veículo que está indo a algum lugar. E, quando eu estou dirigindo, estou tentando pensar nisso. É apenas um veículo no qual os atores podem viver."[55]

Em outra analogia, Bogart compara atuar com uma lâmpada de querosene. "A coreografia é o vidro e as emoções são a chama. A lâmpada está lá para fazer a luz mais brilhante, e a chama muda o tempo todo. A estrutura ajuda a revelar o interior."[56]

> A definição de algo no palco, estabelecendo que uma cadeira é assim e não é de outra maneira, é um ato extremamente violento, que corta outras possibilidades, uma vez definida.
> E isso, com um ator, também é igualmente violento [...]
> É como quando um ator está fazendo algo maravilhoso e

---

52 A. Bogart, apud D. Olsberg, op. cit., p. 24..
53 Ibidem, p.55.
54 Ibidem.
55 Ibidem.
56 Ibidem.

natural, e você, como diretor, passa por cima e diz: "o.k., mantenha!", como se você tivesse uma faca em sua mão: "Mantenha!" [*Bogart faz o som de uma faca cortando o ar.*] Porque o ator sabe que da próxima vez que fizer, vai ser afetado e horrendo. Mas o que eu aprendi com isso é que é uma violência necessária. Que você tem que fazê-la [a definição] mais cedo ou mais tarde, a menos que você seja um teatro de improviso [...] Que a arte começa [...] não quando ela é feita pela primeira vez em sua forma natural, mas quando você foi capaz de criá-la mais uma vez. Então, uma vez que ela foi morta, ela é trazida de volta à vida. O ator sabe, no minuto em que você define alguma coisa, a tremenda quantidade de trabalho para trazer essa coisa de volta à vida. É como dar um nascimento, dando um renascimento, é uma ressurreição.[57]

O som também é introduzido no trabalho. Ao produzirem sons ou proferirem frases, os atores improvisam "composições" de movimentos, gestos, formas e palavras e são incentivados a reprocessar o vocabulário criado em uma improvisação, reutilizando os mesmos sons e palavras.

O TEXTO

Dagne Olsberg relata em sua tese que, ao começar o trabalho com o texto para a montagem de sua peça *The Women*, Bogart apresentou a teoria de Victor Chklóvsky, pensador formalista russo por quem foi influenciada. Segundo ele, a linguagem do artista está dormindo e ele deve despertá-la, assim como o escritor deve despertar as palavras. Seguindo a mesma linha, Bogart acredita que tudo o que é feito no palco está adormecido porque é "definido". E o papel do artista é levantar o estereótipo, ou a única coisa que está dormindo, e transformá-lo até que ele desperte.

---

57 Ibidem, p. 57-58.

Na preparação para o trabalho de mesa, cada ator, ao estudar o texto, tem que fazer listas para cada cena em que vai atuar. A primeira deve conter quinze fatos que o ator aprendeu sobre a personagem na cena em particular (novidades que encontrou etc). A segunda deve conter quinze coisas que ele intuiu a partir desses fatos, e uma terceira deve ser sobre coisas novas que ele aprendeu sobre o relacionamento da personagem com cada uma das outras personagens na cena. Antes de começar a leitura das cenas, os atores devem ler suas listas para os demais, que são incentivados a fazer escolhas sobre o que intuíram ou sobre a vida interior da personagem.

Ao iniciar a leitura, o elenco será interrompido sempre que uma fala soar muito genérica. Quando isso acontece, Bogart pergunta: "Por que a personagem está dizendo isso? O que determinada frase quer dizer? A personagem realmente quer dizer o que as palavras estão dizendo? Qual é a motivação da personagem para estar na cena?"[58] Se sentir que o ator "passou correndo" por uma palavra ou frase, sem história por trás, ela chama a atenção para possíveis duplos sentidos, para a intenção, o sarcasmo e o jogo de palavras. "Quando você coloca algo em movimento, você tem de persegui-lo"[59], assinala, quando um ator diz duas frases da mesma maneira. Bogart destaca ainda a importância da "transformação", como dar o segundo passo ou a segunda frase trazendo algo novo para a primeira.

Ao interromper a leitura, ela pede que o ator leia novamente e tente outra intenção. Quando não estiver muito satisfeito, ele pode voltar e repetir uma seção. Às vezes, uma determinada seção é repetida várias vezes, conforme explica:

> Eu utilizo o pensamento de sobrecarga de informação [...] Eu tento tirar dos atores muito mais do que eles acham possível

---

[58] Ibidem, p. 68.
[59] Ibidem.

[...] E faço eles decidirem [...] É por isso que eu faço listas. Eles sempre têm de escrever "dez coisas que eles sabem sobre essa personagem", de modo que quase saibam demais e, então, algo novo começa a acontecer [...] Isso conduz o ator a uma especificidade de relação com o texto, para que diga algo que outras pessoas possam entender e ouvir.[60]

Bogart desafia o ator a ser específico em suas escolhas e intenções e a fazer escolhas ousadas. Para que tenham uma sólida compreensão do que cada palavra significa, os atores devem se envolver em um extenso trabalho com o texto, concentrando-se sobre os aspectos psicológicos no ensaio.

Os *Viewpoints* incentivam o trabalho em equipe, fazendo com que os atores ouçam e respondam a todo o grupo com seus corpos, mantendo o texto sempre vivo e conectado com a vida interior. Esse trabalho estimula a agilidade e espontaneidade, criando um vocabulário comum para os colaboradores.

JUSTAPOSIÇÃO DE TEXTO E COREOGRAFIA

Bogart, muitas vezes, utiliza a construção do padrão de movimento ou da coreografia separadamente do texto e considera "frustrante" quando as personagens, ou atores, fazem exatamente o que eles estão dizendo. Tal ideia é um reflexo do que ela chama de "filosofia da justaposição entre texto e coreografia".

Bogart acredita na criação de uma tensão ou "desacordo" no palco que o público possa ver e ouvir. Quando questionada por que justapõe movimento e texto, responde:

> Porque é o que eu vejo na vida. As pessoas não dizem o que fazem ou fazem o que dizem. Elas geralmente estão fazendo uma coisa e dizendo outra. Então, você [o público] pode

---
60 Ibidem, p. 69.

receber as informações sobre a relação no palco com seus olhos e com os ouvidos, mas elas podem ser diferentes.[61]

Justapor o texto aos movimentos ou aos momentos gera um novo tipo de experiência e de desafio para o ator. Em vez de confiar na lógica do texto para moldar a cena, o acaso desempenha um papel maior na criação. Por exemplo, se a fala do ator coincidir com o que está fazendo fisicamente, ele encontrará um novo tipo de situação. Nesse caso, ele será confrontado com estímulos, tanto do texto quanto da coreografia, que podem não ser necessariamente semelhantes. O desafio, então, passa a ser o de responder a todos esses estímulos e fazer algo novo.

Esse tipo de abordagem acrescenta novas possibilidades para a cena, porque amplia o número de estímulos e incentiva o ator a responder ou criar no momento. Também exige que o ator esteja constantemente aberto a escutar o que está acontecendo ao seu redor e o desafia a fazer novas descobertas, trabalhando de uma forma que facilite a fluidez da vida interior da personagem. A cena, de repente, pode tomar uma nova direção. Para Bogart, os atores devem tentar sempre algo novo nas cenas trabalhadas nos ensaios e nas apresentações, como se alguma coisa pudesse acontecer a qualquer momento. Ela é contra os efeitos pré-planejados e incentiva a busca da espontaneidade.

"Sempre novo. Sempre diferente. Sempre melhor", diz Bogart repetidamente ao elenco. Após um ensaio geral, ela escreve um recado aos atores:

> O benefício cuidadosamente forjado e lavrado da coreografia é o que deve dar-lhe mais liberdade de interpretação. Cada vez que você acha que sabe o significado de uma palavra ou expressão, ela deve surpreendê-lo com novas possibilidades. Isso é vital para a nossa abordagem. Isso não significa que

---

61 Ibidem, p. 69.

você tem que forçar o novo no texto, significa que você deve estar aberto para as suas muitas vicissitudes. Isso também exige que você ouça com muita atenção o modo como o texto está sendo colocado em jogo por seus parceiros de cena em torno de você.[62]

Influenciada por Tadashi Suzuki, Bogart acredita que a emoção está fisicamente registrada na musculatura e que a coreografia impõe uma certa estrutura ao corpo e "informa o espírito". Sendo assim, quando o ator "resolver o corpo", estando com a estrutura voltada para onde seus pés apontam e para onde está a inclinação da cabeça, ele deixará de interpretar um humor ou emoção estereotipada e começará a operar fora do seu mundo habitual, física e emocionalmente. Diante disso, o ensaio deve ir além do exercício intelectual. Ele deve ser principalmente um exercício físico.

Ao ser questionada sobre a criação do movimento separada do texto, uma atriz da SITI Company, identificada apenas como Lauren, responde:

> Isso é apenas dar prioridade para o corpo sobre a emoção que você quer alcançar. Assim, você não começa o ensaio indo para o resultado final. Ao colocar a concentração sobre a especificidade do que tem de pensar, colocar o texto e filtrá-lo através dessa concentração, ele começa a tomar um significado que você nunca pôde ver, por atacá-lo estritamente através de seu próprio filtro de hábitos, da maneira que você planeja intelectualmente para fazer a cena.[63]

Um dos elementos finais do treinamento é o que Bogart chama de "*Viewpoints* da voz", que são: tempo, duração, repetição, resposta sinestésica, forma, gesto, arquitetura, altura, dinâmica, timbre e

---

[62] A. Bogart, apud D. Olsberg, op. cit., p. 95.
[63] Lauren apud D. Olsberg, op. cit., p. 95.

silêncio. Cada um deles aborda um aspecto diferente da voz. A tabela abaixo oferece informações mais detalhadas[64].

VIEWPOINTS	TRABALHO VOCAL
Altura	Vocalização de combinações de agudos e graves.
Dinâmica	Variação de volume: alto, baixo, médio, muito alto, silencioso, quase inaudível.
Tempo e Duração	Variação de velocidade: a partir do mais lento ao mais rápido possível.
Timbre	Experimentação com diferentes ressonâncias.
Forma	Formato das vogais e das consoantes: arredondada, leve, fluida, afiada, pontiaguda, percussiva.
Gesto	Expressivo: sons abstratos que podem expressar sensações, emoções ou ideias. Comportamental: gestos vocais presentes no cotidiano que expressam uma informação concreta, um significado específico, uma intenção.
Arquitetura	Exploração do espaço físico para experimentar quão morto ou vivo ele é.
Repetição	Trabalho com diferentes Viewpoints ao mesmo tempo. Por exemplo, repetir o tom, mas mudar a dinâmica.
Resposta Sinestésica	Concentração no instante em que um som é produzido. Ao focar em um estímulo externo, você responde sinestesicamente ao som de outras pessoas ou arredor.
Silêncio	Experimentação com pausas que tragam novos significados ao discurso.

O som é trabalhado da mesma forma que o movimento, aumentando a consciência de sua forma pura, separado dos significados psicológico e linguístico. Como uma ferramenta de treinamento para o ator, os *Viewpoints* vocais ajudam a melhorar a pronúncia e a conexão com o ritmo da língua através da exploração do som, encorajando uma gama mais dinâmica de escolhas vocais.

Seus componentes – tempo, espaço e voz – ajudam o ator a estabelecer empatia com a personagem criada, mesmo que ela seja de

---

64 A tabela foi montada visando esta pesquisa. Mais informações sobre os *Viewpoints* de voz e uma lista específica de exercícios pode ser encontrada em A. Bogart, T. Landau, *The Viewpoints Book*, p. 105-120.

uma cultura diferente. A escritora e diretora de teatro Tina Landau relata um caso acontecido durante o primeiro ensaio de *Das Kätchen von Heilbronn*, de Heinrich von Kleist no qual Bogart pediu a todos uma lista de respostas para a pergunta: "O que é alemão?"

> Ela não estava interessada na pesquisa acadêmica, o que nos traria para o material de nossas cabeças, mas em respostas subjetivas que nos trazem para o material de nossos corações e imaginações: os nossos preconceitos, nossas fantasias, nossas próprias memórias e histórias e cultura.[65]

Durante o ensaio, os atores aprendem seus papéis essencialmente no jogo, incorporando movimento, gesto e emoção, com a função de experimentar a personagem verdadeiramente para depois inserir o texto.

> Há uma tentativa de imitar as emoções e as ações de pessoas reais – que parte daquilo que vemos nelas. Você sabe, há um monte de coisas sobre as pessoas que não enxergamos. Nós nos concentramos em suas histórias e em como se sentem. Atuar é preenchido com essas duas coisas – e um sentido de cópia.[66]

Na cópia, os atores tentam transmitir uma ação conhecida sobre alguém. O desejo é o de contar a história novamente para o público. Através dos *Viewpoints*, é possível apreender a história e os sentimentos de uma personagem, de tal forma que o obstáculo da linguagem torna-se apenas temporário. Construir a vida interna de uma personagem e fazê-la parecer genuína pode não ser tarefa das mais fáceis de se realizar, mas, muitas vezes, conduz à ação da peça e sua transformação. Nesse sentido, David Wright escreve:

---

[65] T. Landau, Source-Work, the Veiwpoints and Composition; em M. B. Dixon, J. A. Smith (eds.), *Anne Bogart: Viewpoints*, p.18-19.
[66] M. Overlie, Shaping the Independent Actor, *American Theatre*, v. 25, n. 1, p. 47.

Se a emoção é transformadora, na medida em que transforma o mundo em que vivo, ela faz mais do que mudar minha mente. Ela muda a minha resposta incorporada para esse mundo. Ela se forma fisiologicamente. Meu interesse, portanto, é na relação entre minha mente e corpo com uma forte experiência emocional.[67]

Exercícios a Partir dos Viewpoints

1. Forma

O grupo forma um grande círculo. Uma pessoa corre para o centro e cria uma pose ousada, a partir de uma frase do texto que seja significativa para ela (seja porque expressa quem é a personagem, seu conflito ou suas sensações). Ela fala seu texto na pose. Outra pessoa se junta à primeira, completando a pose, como se fossem formar juntas uma escultura. Uma após outra (o grupo todo ou somente as envolvidas diretamente na cena) adiciona uma pose, até que todas façam parte dessa mesma escultura. O primeiro ator repete o texto, agora influenciado pelo coletivo. O grupo pode responder com frases do texto ou que surjam espontaneamente em resposta ao que estão ouvindo. Esse processo repete-se algumas vezes. É preciso ter atenção às mudanças surgidas no trabalho com o coletivo.

Aqueles que ficaram de fora (ou algumas pessoas são escolhidas para sair da escultura) são convidados a estudarem a imagem. A composição e as dinâmicas da forma e da voz são discutidas: para onde vai o olhar? O que chama atenção aos ouvidos? É importante encorajar o grupo a se arriscar, usando partes do corpo, procurando poses menos confortáveis e atentando para os impulsos que se conectam internamente e em como isso muda a conexão do ator

---

[67] D. Wright, Embodying, Emotioning, Expressing Learning, *Reflective Practice*, v. 6, n. 1, p. 91.

com o texto. Depois de experimentar a relação escultura-texto, o grupo deve criar um nome para a escultura, a partir das descobertas vivenciadas.

2. Resposta Sinestésica

Normalmente, utilizo esse exercício com todos os alunos trabalhando um mesmo texto. Pode ser um pequeno monólogo ou um texto narrativo. É preciso dividir os atores em grupos de quatro ou cinco pessoas e alinhá-los em raias na sala, como se fossem equipes de natação. Cada ator receberá um número.

O número 1 começa andando na sua raia e criando um movimento ou ação qualquer durante a travessia. Todos do seu time devem repetir o movimento. O número 2 deve criar um novo movimento ou ação e incorporá-lo ao primeiro. Todos repetem a sequência. E assim por diante, até que todos do grupo tenham acrescentado algo. O texto é, então, adicionado a essa partitura de movimento. Um grupo de cada vez apresenta seu estudo para os demais: texto falado em uníssono enquanto realiza a sequência sendo afetado por ela.

Depois disso, novos grupos são formados. Por exemplo, todos os correspondentes ao número 1 de cada grupo ficam juntos. Na nova configuração, eles devem criar outra sequência, incluindo os movimentos feitos no momento anterior e podendo sair da raia e movimentar-se livremente pelo espaço.

Dessa vez, cada membro do grupo faz a sequência pelo espaço, dando a ela uma nova dinâmica. Sem se preocupar com o tempo da série original, não estão mais em uníssono, mas trabalhando em resposta ao que está acontecendo com o resto do grupo. Assim, também devem encaixar o texto, influenciados pela escuta do coletivo no jogo. Cada frase é falada em resposta à anterior. Apenas um por vez fala uma parte do texto, mas não existe uma ordem. Ela surgirá pela resposta sinestésica.

A consciência da relação espacial também é trabalhada nesse exercício. Em um último momento, todos estão livres da sequência previamente criada e respondem aos movimentos de forma sinestésica. Essa resposta é definida como um tempo de movimento. É o ator respondendo no momento presente àquilo que está acontecendo na sala. Trata-se de responder, não de iniciar. Não se trata de criar ritmo, mas de reagir ao ritmo. Bogart dá um exemplo disso na vida cotidiana: em um ponto de ônibus, se uma pessoa se vira, todo mundo, inconscientemente, acaba se virando também.

Se um dos atores, de repente, corre pelo chão, desencadeia uma série de atividades no chão. A pancada de alguém caindo no chão repentinamente acende um levantar do chão. Se alguém estiver em certa forma, influenciará outra pessoa a criar uma forma diferente. A reação deve ser imediata e espontânea.

3. Arquitetura

O ator trabalha fisicamente a arquitetura ou o espaço físico. Esse exercício, além de utilizado para explorar novas formas de contato com o texto em sala de aula, também possibilita conectar o ator com o espaço da apresentação, além de trabalhar a relação com o teatro onde a peça será apresentada e com os objetos dos cenários.

Para Bogart, esse é um dos *Viewpoints* mais difíceis de ser trabalhado, porque o ator deve pensar o seu fazer como uma dança com a arquitetura ou com o cenário. Ele é provocado a considerar: Como se pode construir um dueto com a arquitetura? Como usá-la como um parceiro de cena?

O exercício começa com o ator explorando a sala – o material do piso, as janelas, portas, tecidos das cortinas, cadeiras, iluminação. Tudo faz parte do cenário. Ele deve falar o texto se relacionando com o espaço e explorar o diferente. Quantas possibilidades seu corpo pode encontrar para a relação com um determinado canto da parede? É preciso perceber como isso afeta seu corpo, sua voz e as mudanças de ressonância de quando se aproxima do chão, do teto, da cadeira de metal, da cortina.

Bogart lembra ao ator que a arquitetura pode fazê-lo sentir algo. É importante deixar ela "falar" com você, expressar a personagem. O ator deve ter habilidade para trabalhar o espaço físico, assim como trabalha na relação com seus parceiros de cena.

4. Gesto

Bogart distingue gesto de forma. O gesto tem começo, meio e fim e é culturalmente criado, como andar como uma parte do corpo liderando, achar um som, um gesto com as mãos, uma frase que não seja do texto.

Nesse exercício, deve-se achar o som a partir da estrutura corporal e trabalhar o alinhamento do corpo e a respiração. Em seguida, o ator deve fazer um gesto expressivo com os pontos 1, 2, 3, ou seja, início, meio e fim, e repeti-lo variando as velocidades, de 1 a 10. Ele deve emitir sons a partir da estrutura e, depois, palavras.

Associando esse exercício aos centros imaginários de Michael Chekhov, pode-se experimentar o quadril liderando o movimento e criando um gesto a partir da frase "eu preciso" (pense em algo que a personagem precisa). Repita a frase com o centro no quadril interiorizado, sem se mexer, e deixe o coração liderar e emitir sons e frases a partir do estímulo "eu sinto". Depois, com a frase-guia "eu penso", deixe a cabeça liderar. Ao final, experimente os centros e os gestos, mudando a cada nova respiração.

5. Tempo

Leia a cena em grupo algumas vezes. Na roda, cada aluno deve ler uma frase. Depois, apenas um ator fala todo o texto, enquanto os outros repetem em voz alta as palavras-chave. Esse exercício trabalha a repetição nos *Viewpoints*. Caminhe pelo espaço e coloque um metrônomo para ir mudando as velocidades. O caminhar e o falar do texto precisam ser alterados e influenciados pelo metrônomo.

Em duplas, um ator fala o texto para seu parceiro, com o objetivo de conquistar sua atenção, já que ele está se locomovendo pelo espaço em diferentes velocidades. Ele deve parar apenas quando escutar, de fato, intenções claras.

Individualmente, deve-se falar o texto correndo pelo espaço e subindo em cadeiras, mesas e bancos quando quiser enfatizar algo na fala. Quando se sentir pronto, o ator vai até o centro da roda e fala o texto da maneira que achar mais apropriada.

Uma Abordagem Alternativa Para o Treinamento da Voz

A função do ator não é meramente reproduzir um texto em cena. Ele deve vivenciá-lo, entendê-lo e ser transformado por ele. Essa metamorfose que ocorre no palco é o aspecto mais desejável no desempenho do ator ao transformar literatura em ação vocal. Em vez de tentar controlar o texto e dominá-lo intelectualmente, ele deve se entregar para ser permeado pelas palavras e permitir que elas pintem seu corpo como se ele fosse uma tela, que começa a tomar forma e ganhar cor através de sua voz. Sua voz torna-se uma metáfora.

Liz Mills retoma, em um estudo criterioso, alguns aspectos da voz dos atores e explora as possibilidades de construir imagens vocais no teatro. Para isso, ela formula uma série de questões:

> Pode o texto [o texto falado no teatro] funcionar como uma imagem de si mesmo? Pode o texto [o texto dramático do dramaturgo] funcionar como uma imagem do som para além da sua estrutura semântica profunda? Pode a voz dos atores ser desconstruída e reconstruída em múltiplos textos? Pode o jogo intertextual da voz, do texto falado e do texto dramático permitir diferentes tipos de escuta e uma audição de diferentes tipos de performance vocal?[1]

[1] When the Voice Itself is Image, *Modern Drama*, v. 52, n. 4, p. 389.

O que está implícito nessas questões é a ideia de que a expressão, seja verbal ou não verbal, pode evocar uma imagem acústica, que por sua vez se relaciona com a audição. É uma composição evocada através do ouvir. São a imaginação e a sensação física que o estímulo sonoro pode e deve produzir no ouvinte.

O que Mills oferece é uma abordagem interessante e desafiadora para a dicotomia entre texto e ação vocal. A interpretação é abordada privilegiando a imaginação provocada como fenômeno auditivo no espectador, bem como no ator. Para entender todas as implicações dessa noção de voz como imagem, é preciso compreender o que significa uma "imagem acústica". Para Mills, imagem acústica é o resultado de uma construção estética deliberada, criada para permitir uma experiência interpretativa do som[2].

Como ambos os exemplos sugerem, a imagem acústica é evocada quando o som vocalizado "tem um significado" além do sintático e semântico de um texto falado. Quando essa construção de significados está centrada no som ou na vocalização da voz humana, temos uma imagem vocal.

Perguntas sobre imagem vocal devem seguir caminhos conceituais mais complexos. Tradicionalmente, as práticas de voz no teatro concentram-se principalmente na formação técnica vocal para atores e na interpretação do texto. A materialidade da voz e as propriedades do som que formam os tijolos de construção da vocalização nunca foram um ponto forte de preocupação, mas no teatro contemporâneo há uma grande ênfase sobre a "fisicalidade" da voz – a noção de voz como imagem é essencial em tal teatro.

Os sons produzidos por um ator, independentemente da linguagem e da língua, assim como os sons que ele pode gerar e esculpir no espaço imaginativo do teatro, formam a imagem da voz. Seu foco estará nos tipos de som que ele pode produzir, na sua arquitetura ou elaboração, na relação do silêncio com o som como composição, no

---

2 Ibidem.

desenvolvimento de uma metodologia de trabalho e na percepção de sua materialidade[3].

Uma Fenomenologia da Voz

A ideia de Liz Mills sobre a materialidade da voz, como instância independente do texto, anda de mãos dadas com a abordagem fenomenológica para o teatro. Ambas oferecem poderosa crítica ao privilégio racionalista e semioticista da mente sobre o corpo, que discute o foco do pensamento filosófico ocidental e sugere que o "sujeito", em suas roupas cartesianas clássicas, não tem voz e fala apenas a si mesmo através da voz muda da consciência[4]. O enfoque filosófico sobre o logos, a razão, não considera sua presença como um objeto sonoro ou a consciência de interlocutores como sujeitos acústicos. O discurso se destina a ser ouvido como sonoro em um espaço em que a relação entre bocas e ouvidos vem à tona. Os termos sonoro e acústico sinalizam essa relação e criam uma identidade para quem fala e se expressa.

Leslie C. Dunn e Nancy Jones, PhDs da Universidade de Cambridge, adotam a "vocalidade" como o termo que apontará a presença acústica da voz. Enquanto refere-se ao som incorporado e à presença fenomenológica da voz, expõe mais especificamente a uma construção cultural de quem a ouve[5].

Diversos teóricos investigam como encontrar uma linguagem que permita um trabalho conceitual e prático com os múltiplos textos da voz. Cada um desses pesquisadores é confrontado com a mesma tarefa: como chamar a atenção para a voz ou para o som humano, como um fenômeno separado de sua formação como linguagem. Esse problema mapeia a complexidade do espaço performativo vocalmente ocupado pelo ator.

3 Ibidem.
4 Cf. A. Caravero, *For More Than One Voice*, p. 173.
5 Cf. L.C. Dunn; N.A. Jones, *Embodied Voices*, p. 2.

Assim que o ator fala, o som como vibração, como energia e como textura é eclipsado pela presença do idioma. Sua presença acústica ou a singularidade de como se faz ouvir é transformada no significado semântico do texto falado e ele é instantaneamente aceito como linguagem.

As pessoas são seres sociais orientados para a formação de relacionamentos através da linguagem. Esse impulso linguístico é descrito por Jürgen Habermas como "racionalidade comunicativa", na qual está presente um contrato inerente ao processo de estruturação da linguagem, em que há uma crença compartilhada em sua racionalidade[6]. Em outras palavras, independentemente dos muitos exemplos de falhas de comunicação que fazem parte da interação diária entre as pessoas, o interlocutor acredita que o que falou será razoável para ser razoavelmente compreendido. A suposição da existência de um mundo objetivo comum é construída na pragmática de toda apresentação teatral.

O teatro é ficção, e o ato em si é um contrato entre artistas e público para suspender a descrença e participar de uma construção cultural determinada pela peça em questão. Apesar de uma série de abordagens possíveis para a performance, a fusão da voz com a linguagem e a racionalidade tende a manter a voz do ator em uma imagem sonora natural. A voz executa a ilusão da pessoa como outra reconhecível. E o ator, falando o texto, continua a perseguir ferozmente a "racionalidade".

As obras de teatro que convidam o ator a se lançar em um voo acusticamente imaginativo são muitas. A voz que soa incorporada é ouvida, em primeiro lugar, como um sinal da presença fenomenológica do ator como pessoa, assim como uma imagem acústica da subjetividade da personagem.

O que impede o ator de mergulhar na incorporação completa de sua personagem é, basicamente, a racionalidade do texto dramático, que a coloca como um ser fora do corpo do ator. Essa

---

6 Cf. J. Habermas, *Thinking Post Metaphysical*, p. 50.

dualidade fundamental deve ser dissolvida para que o teatro possa ser verdadeiramente fenomenológico.

Assim, a transformação radical da voz em imagem pode ser vista como o passo final no processo de conexão entre a voz do ator e o texto. De acordo com o enfoque fenomenológico do teatro, esse ponto representa o momento final de sua incorporação.

Com as técnicas psicofísicas de incorporação defendidas aqui e praticadas pelos profissionais citados, o teatro aponta para uma diferente realidade da tradicionalmente testemunhada no realismo. Uma verdade reconhecida para além do ouvido imediato. Através dessas técnicas, o corpo do ator torna-se o texto, e o texto dramático como literatura é empurrado para o fundo. Os problemas colocados pela linguagem também recuam, uma vez que o corpo torna-se fonte de expressividade primária.

Na cultura pós-moderna, em que a arte é global, os artistas de teatro não podem se manter indiferentes. Eles têm de ultrapassar a barreira da língua para se tornarem embaixadores de um teatro mundial.

Compreender racionalmente uma personagem, absorvendo integralmente o texto, não basta. A voz do ator precisa levar à convicção. Ela precisa de resistência, habilidade, poder, energia emocional, vitalidade e autenticidade para atender às demandas do teatro.

Em suas pesquisas sobre interculturalidade, o diretor de teatro Patrice Pavis baseou seu entendimento sobre a voz em Roland Barthes, que propõe dois critérios principais para enquadrar a voz do ator: o fônico, que é o próprio som, e o prosódico, no qual o material é moldado vocalmente. Ele sugere que a voz seja um fenômeno múltiplo, em que o corpo excede seus limites orgânicos para a esfera não corpórea da linguagem, ao mesmo tempo em que a língua é personificada[7].

A partir desse ponto de vista, o treinamento apropriado do corpo do ator é parte do processo de comunicação. Para bem desvendar

---

7   P. Pavis, *Dicionário de Teatro*, p. 431-432.

a comunicação de códigos de significados e de informação, o ator precisa explorar a voz encarnada (sentida no corpo físico).

No trabalho com a voz, as abordagens científicas e artísticas são combinadas de forma a proporcionar o melhor treino para o ator. Para as preparadoras vocais aqui mencionadas, o treinamento de voz estabelece um processo hermenêutico pelo qual uma verdade imanente pode ser revelada ao dar voz e vida a um texto. A preparação do corpo é, então, conduzida em direção à produção de sentido.

Meu desejo era encontrar uma linguagem prática que me ajudasse a trabalhar tanto a mente quanto o corpo do ator, oferecendo liberdade. Isso surgiu através da abordagem psicofísica. O ator precisa ser capaz de compor a personagem como uma série de imagens a ser fisicalizada e incorporada além de uma mera narrativa psicológica. Esse estudo ofereceu possibilidades para minar os desafios colocados pelo texto para o ator. E a incorporação é, de fato, o que o ajuda a encontrar ações vocais. Se compreendermos que a linguagem no palco é, de fato, a linguagem do corpo, a dificuldade entre a conexão de voz e texto pode ser superada.

> Como uma mão invisível, a voz parte do nosso corpo e age. E todo o nosso corpo vive e participa dessa ação. O corpo é a parte visível da voz [...] A voz é o corpo invisível que opera no espaço. Não existem dualidades, subdivisões: voz e corpo. Existem apenas ações e reações que envolvem o nosso organismo em sua totalidade.[8]

8   E. Barba, *Além das Ilhas Flutuantes*, p. 56.

Bibliografia

ANDERSON, Neil. On Rudolf Steiner's Impact on the Training of the Actor. *Literature & Aesthetics*, [S.l.] v. 21, n. 1, jun. 2011.
ASHPERGER, Cynthia. *The Rhythm of Space and Sound of Time: Michael Chekhov's Acting Technique in the 21st Century*. Amsterdam: Rodopi, 2008.
BANDELJ, Nina. How Method Actors Create Character Roles. *Sociological Forum*, [S.l], v. 18, n.3, sep. 2003.
BARBA, Eugênio. *Além das Ilhas Flutuantes*. São Paulo/Campinas: Hucitec/Unicamp, 1991.
BERRY, Cicely. The Body in the Voice. Entrevista por Scott Ellis. *American Theatre*, [S.l], v. 27, n.1, jan. 2010.
____. *Voice and the Actor*. London: Harrap, 1993.
____. *The Actor and the Text*. New York: Applause Theatre Books, 1992.
BERRY, C.; Noble, A. *Text in Action*, London: Virgin, 2005.
BLUMENFELD, Robert. *Tools and Techniques For Character Interpretation: A Handbook of Psychology for Actors, Writers, and Directors*. Pompton Plains: Limelight, 2006.
BOGART, Anne; HURLEY, Erin. *Theatre and Feeling*. Basingstoke: Palgrave Macmillan, 2010.
BOGART, Anne; LANDAU, Tina. *The Viewpoints Book: A Practical Guide to Viewpoints and Composition*. London: Theatre Communications Group, 2005.
BOGART, Anne. *A Director Prepares: Seven Essays on Art and Theatre*. London: Routledge, 2001.
BOGART, Anne; Linklater, K. Balancing Acts: Anne Bogart and Kristin Linklater Debate the Current Trends in American Actor-Training. Moderated by David Diamond. *American Theatre*, [S.l.], v. 18, n. 1, jan. 2001.
BRAHE, Per. Beyond Michael Chekhov Technique: Continuum the Exploration through the Mask. In: BARTOW, Arthur. *Training of the American Actor*. New York: Theater Communication Group, 2006

BRESTOFF, Richard. *The Great Acting Teachers and Their Methods*. Hanover: Smith & Kraus, 1995.

CARACCIOLO, Diane M. Strengthening the Imaginaton Through Theater: The Contributions of Michael Chekhov. *Encounter: Education For Meaning and Social Justice*, issue 3, [S.l.], v. 21, Fall, sep. 2008.

CARAVERO, Adriana. *For More Than One Voice: Towards a Philosophy of Vocal Expression*. Stanford: Stanford University Press, 2005.

CHAMBERLAIN, Franc. *Michael Chekhov*. London: Routledge, 2004.

CHEKHOV, Michael. *The Path of the Actor*. New York: Routledge, 2005.

____. *On Theatre and the Art of Acting: The Five-Hours CD Master Class Withe The Aclamation Actor-Director-Teacher With A Guide to Discovery With Exercises*, by Mala Powers, 4 CDs. New York: Working Arts, 2004.

____. *To the Actor*. London: Routledge, 2002.

____. *Lessons for Teachers of His Acting Technique*. Ottawa: Dovehouse, 2000.

____. *On the Technique of Acting*. New York: Harper and Row, 1991.

____. *To the Director and Plawright*. New York: Harper and Row, 1963.

CORNFORD, Tom. The Importance of How: Directing Shakespeare With Michael Chekhov's Technique. *Shakespeare Bulletin*, [S.l.], v. 30, n. 4, [s.d.].

DUNN, Leslie C.; JONES, Nancy A. *Embodied Voices*. Cambridge: Cambridge University Press, 1994.

DRUKMAN, Steven. Entering the Postmodern Studio: Viewpoint Theory. *American Theatre*, [S.l.], v. 15, n. 1, Jan. 1998.

FLECK, Andrew. "Ick verstaw you niet": Performing Foreign Tongues on the Early Modern English Stage. *Medieval & Renaissance Drama in England*, [S.l.], v. 20, 2007.

GAYOTTO, Lucia H.C.. Expressividade Teatral: Voz ao Vivo. In: DREUX, Fernanda M.; MENDES, Beatriz; NAVAS, Ana Luiza (orgs.). *Tratado de Fonoaudiologia*. 2. ed. São Paulo: Roca, 2008.

____. *Voz, Partitura da Ação*. São Paulo: Plexus, 2000.

GRAY, P. The Reality of Doing: Interviews With Vera Soloviova, Stella Adler, and Sanford Meisner. *The Tulane Drama Review*, [S.l.], v. 9, n.1, Autumn, 1964. (Stanislávski and America.)

GUSSOW, Mel. Iconoclastic and Busy Director: An Innovator or a Provocateur? *The New York Times*, New York, 12 mar. 1994.

HABERMAS, Jürgen. *Postmetaphysical Thinking: Philosophical Essays*. Cambridge: The MIT Press, 1994.

HALL, Peter. *Exposed by the Mask: Form and Language in Drama*. London: Oberon, 2000.

HARRIS, Catherine L.; GLEASON, Jean Berko; AYCICEGI, Ayse. When is a First Language More Emotional? Psychophysiological Evidence from Bilingual

Speakers. In: PAVLENKO, Aneta (ed.). *Bilingual Minds: Emotional Experience, Expression, and Representation*. Clevedon: Multilingual Matters, 2006.

HERRINGTON, Joan. Directing With the Viewpoints. *Theatre Topics*, [S.l.], v. 10, n.2, Sep. 2000.

HODGE, Alison. *Twenty Century Actor Training*. London: Routledge, 2000.

HOUSEMAN, Barbara. *Finding Your Voice*. London: Nick Hern, 2002.

LANDAU, Tina. Source-Work, the Viewpoints and Composition: What are They? In: DIXON, Michael B.; SMITH, Joel A. (eds.), *Anne Bogart: Viewpoints*. Louisville: Smith and Kraus, 1995.

LEDER, Drew. *The Absent Body*. Chicago: The University of Chicago Press, 1990.

LINKLATER, Kristin. The Importance of Daydreaming. *American Theatre*, [S.l.], v. 27, n. 1, jan. 2010.

____. *Freeing the Natural Voice*. Revised and expanded edition. London: Nick Hern, 2006.

____. *Freeing the Natural Voice*. New York: Drama Book, 1976.

MAROWITZ, Charles. The Michael Chekov Twist. *American Theatre*, [S.l.], v. 22, n.1, Jan. 2005.

MEERZON, Yana. *The Path of a Character: Michael Chekhov's Inspired Acting and Theatre Semiotics*. Frankfurt: Peter Lang, 2005.

MERLEAU-PONTY, Maurice. *Fenomenologia da Percepção*. São Paulo: Martins Fontes, 1994.

MERLIN, Bela. *Beyond Stanislavsky: The Psycho-Physical Approach to Actor Training*. London: Nick Hern, 2001.

MILLS, Liz. When the Voice Itself Is Image. *Modern Drama*, [S.l.], v. 52, n. 4, Winter, 2009.

NÓBREGA, Terezinha P. da. Corpo, Percepção e Conhecimento em Merleau-Ponty. *Estudos de Psicologia*, [S.l.], v. 13, n. 2, 2008.

OLSBERG, Dagne. *Freedom, Structure, Freedom: Anne Bogart's Directing Philosophy*. Dissertation on Fine Arts. Lubbock Graduate Faculty., Lubbock: Texas Tech University, 1994.

OVERLIE, Mary. Shaping the Independent Actor, Interviews by Ellen Orenstein. *American Theatre*, [S.l.], v. 25, n. 1, jan. 2008.

PAVIS, Patrice. *Dicionário de Teatro*. 3. ed. Trad. bras. J. Guinsburg e Maria Lúcia Pereira. São Paulo: Perspectiva, 2015.

PETIT, Lenard. *The Michael Chekhov Handbook: For the Actor*. London: Routledge, 2009.

POWERS, Mala. *Michael Chekhov: On Theatre and the Art of Acting – A Guide to Discovery With Exercises*. New York: Applause, 2004.

PREY, Deirdre H.. *Lessons For Teachers of His Acting Technique*. Ottawa: Dovehouse, 2000.

RODENBURG, Patsy. The Naked Voice. *American Theatre*, [S.l.], v. 27, n. 1, jan. 2010.
____. *Speaking Shakespear*. New York: Palgrave-MacMillan, 2002.
____. *The Right to Speak: A Journey Through the Voice*. London: Methuen, 1992.
SCHEEDER, Louis. Neo-Classical Training. In: BARTOW, Arthur (ed.). *Training of the American Actor*. New York: Theater Communications Group, 2006.
SCHERER, Klaus R. Vocal Communication of Emotion: A Review of Research Paradigms. *Speech Communication*, [S.l.] v. 40, 2003.
____.Vocal Affect Expression: A Review and a Model For Future Research. *Psychological Bulletin*, [S.l.], v. 99, n. 2, 1986.
SIVERS, Marie Steiner. Das Goetheanum. Palestra proferida em 7 de março, 1926. Disponível em: < http://wn.rsarchive.org >.
SOLOMON, Richard. *Michael Chekhov and His Approach to Acting in Contemporary Performance Training*. Thesis (BA), Graduate School, University of Southern Maine, Orono, 2002.
STANISLAVSKI, Constantin. *An Actor Prepares*.Trad.: Elizabeth Reynolds Hapgood. London: Methuen, 1986.
STATES, Bert. *Great Reckonings in Little Rooms: On Phenomenology of Theatre*. Ithaca: Cornwell University Press, 1971.
STEINER, Rudolf; SIVERS, Marie S. *Creative Speech: The Formative Process of the Spoken Word*. 2. ed. London: Rudolf Steiner, 1999.
STEINER, Rudolf. A Lecture on Eurythmy. Rudolf Steiner Archive, 1923. Disponível em: < http://www.rsarchive.org/Lectures/>.
TREPTE, Sabine. The Intercultural Perspective: Cultural Proximity as a Key Factor of Television Success. Paper presented at International Communication Association (ICA) Conference, San Diego, 23-27 jun. 2003.
WILLIAMS, David; MARSHALL, Lorna (eds.). *Peter Brook: Transparency and the Invisible Network*. London/New York: Routledge, 2000.
WRIGHT, David. Embodying, Emotioning, Expressing Learning. *Reflective Practice*, [S.l.], v. 6, n. 1, 2005.
ZARRILLI, Phillip B. *Psychophysical Acting: An Intercultural Approach After Stanislávski*. New York: Routledge, 2009.
____. Toward a Phenomenological Model of the Actor's Embodied Modes of Experience. *Theatre Journal*, [S.l.], v. 56, n. 4, Dec. 2004.
____. *Acting (Re)Considered: Theories and Practices*. London: Routledge, 1995.
ZINDER, David. *Body Voice Imagination: Imagework Training and the Chekhov Technique*. 2. ed. London: Routledge, 2009.

Este livro foi impresso na cidade de São Paulo,
nas oficinas da Orgrafic Gráfica e Editora, em outubro de 2016,
para a Editora Perspectiva.